Todos los libros de Linkgua Ediciones cuentan con modelos de Inteligencia Artificial entrenados por hispanistas. Pregúntale al chat de tu libro lo que desees acerca de la obra o su autor/a.

Para **ebooks**: Accede a nuestro modelo de IA a través de este enlace.

Para **libros impresos**: Escanea el código QR de la portada con tu dispositivo móvil.

Obtén análisis detallados de nuestros libros, resúmenes, respuestas a tus preguntas y accede a nuestras ediciones críticas generativas para una experiencia de lectura más enriquecedora.
La transparencia y el respeto hacia la autoría de las fuentes utilizadas son distintivos básicos de nuestro proyecto. Por ello, las respuestas ofrecen, mediante un sistema de citas, las fuentes con las que han sido elaboradas.

Sor Juana Inés de la Cruz

Obras

Barcelona **2024**
Linkgua-ediciones.com

Créditos

Título original: Obras.

© 2024, Red ediciones.

e-mail: info@Linkgua-ediciones.com

Diseño de cubierta: Mario Eskenazi.

ISBN rústica: 978-84-9816-338-4.
ISBN ebook: 978-84-9953-777-1.

Sumario

Brevísima presentación

La vida

Sor Juana Inés de la Cruz (1651-1695). México.

Juana Inés de Asbaje y Ramírez de Santillana, nació el 12 de noviembre de 1651 en San Miguel de Nepantla, Amecameca. Era hija de padre vasco y madre mexicana.

Empezó a escribir a los ocho de edad una loa al Santísimo Sacramento. Aprendió latín en veinte lecciones, que le dictó el bachiller Martín de Olivas y a los dieciséis años ingresó en el Convento de Santa Teresa la Antigua y posteriormente en el de San Jerónimo.

En plena madurez literaria, criticó un sermón del padre Vieyra. Ello provocó que el obispo de Puebla, Manuel Fernández de Santa Cruz, le pidiera que abandonase la literatura y se dedicase por entero a la religión. Sor Juana se defendió en una epístola autobiográfica, en la que enarboló los derechos de la mujer y en su Respuesta a sor Filotea. No obstante, obedeció y renunció a su enorme su biblioteca, sus útiles científicos y sus instrumentos musicales. Murió el 17 de abril de 1695.

La décima musa de México sor Juana Inés de la Cruz[1]
Karl Vossler

En la época de descenso de una cultura, aparecen, con más frecuencia que en otros tiempos, personalidades que aunque brillan —es verdad— ya no realizan nada decisivo. Son como un juego de colores en el cielo nocturno, irretenible extremidad en su transfiguración. Así aparece, a fines del siglo XVII, el español, excepcionalmente rico en tales figuras de un encanto crepuscular. Calderón de la Barca, puede valorizarse como el más grande de esta índole. Su fuerza luminosa se refleja aun en el despertar de la España actual. Menos fuerte y menos conocida —en el sentido de la historia del espíritu— rara, sumamente instructiva, se me aparece, a su lado, la poesía de la monja mexicana Sor Juana Inés de la Cruz. Su cultura teológica y literaria; su arte todo, pertenecen al barroco español y revelan lo afectado, el rasgo marchito de tardíos tiempos; no obstante, en su modo de vivir, resuelto, y en el afán infatigable de querer comunicarse, se siente la frescura juvenil de la altiplanicie mexicana. En la falda de los dos grandes volcanes, la «Montaña Humeante» y la «Mujer Blanca» —Popocatépetl e Iztaccíhuatl— en una alquería de cierta importancia, llamada San Miguel de Nepantla, a 60 kilómetros de la capital, nació en la noche del 12 de noviembre de 1651 Juana Inés, segunda hija del marino don Pedro Manuel de Asbaje y Vargas Machuca, quien había llegado un año antes, de Vergara, pequeña ciudad vasca, y contraído matrimonio con doña Isabel Ramírez de Santillana, una criolla mexicana. Juana Inés adoptó —en vez del apellido paterno, Asbaje— el de su madre, Ramírez, porque así se mostraba como más mexicana; lo que tenía que significar, en su recepción en escuelas y conventos, cierta ventaja sobre los hijos de los gachupines. Fue una niña prodigio; ella misma nos cuenta, con presumida modestia, en su larga carta del 1.° de marzo de 1691, a Sor Filotea, es decir, al obispo don Manuel Fernández de Santa Cruz, oculto bajo ese nombre de hermana, los más extraños actos de su sed de saber. A los tres años, afirma haber aprendido a leer y escribir, a escondidas de su madre. Renuncia al placer de comer queso, aunque le gustaba mucho, porque oyó decir que comiéndolo, se volvería

1   Este ensayo, cuyo título original en alemán es «Die Zennte Muse von Mexico, Sor Juana Inés de la Cruz», 1934, fue traducido por los profesores Mariana Frenck y Arqueles Vela.

tonta. A los ocho años —según nos cuenta el padre jesuita Diego Calleja— compuso una loa: drama religioso, en ocasión de una fiesta del culto en la vecina población de Amecameca. El sueño de su infancia fue estudiar en la Universidad, en traje de hombre. Mantiene a sus padres intranquilos, hasta que la envían a la capital, al lado de su abuelo, cuya biblioteca, sin cuidarse de seleccionarla, devora íntegra, aprende latín con violento afán; corta sus hermosos cabellos castaños, para sujetarse a un más rápido dominio de la gramática: «pues me parece inconveniente —escribe en aquella carta— que una cabeza vacía lleve adorno tan rico». Muy pronto llegan hasta oídos del virrey, marqués de Mancera, los rumores de su belleza extraordinaria, de sus aspiraciones y facultades; y a los trece años es recibida en la Corte, como dama de compañía de la virreina. Un día, para investigar de qué índole es su saber —un aprendizaje o una revelación— cuarenta eruditos la someten a un examen riguroso de preguntas, respuestas y contrapruebas. Se defendía más o menos —palabras textuales del virrey— como una galera real en medio de un tropel de chalupas. En la brillante Corte exageradora del estilo colonial, hasta la fanfarronería —tenía que suceder— los artistas la elogiaban y los galantes caballeros la cortejaban, perseguían y asediaban. Tampoco están excluidos de su vida los desengaños de amoríos y las vanidades. De todo esto encontramos vestigios en los versos de Juana, los cuales se deben interpretar, con respecto a su vida, con la más grande reserva. «Para la total negación que tenía al matrimonio» —decía— el camino del convento era el único conveniente. Antes de cumplir los dieciséis años —14 de agosto de 1667— entra como religiosa corista en el convento de San José, que entonces pertenecía a la Orden de los Carmelitas descalzos. Su salud, insuficiente para soportar los requisitos del convento, la obligó a retornar, después de tres meses, al engranaje mundanal; enseguida, a exhortación de su confesor, el jesuita Antonio Núñez de Miranda, el 24 de febrero de 1669, en presencia de la Corte Virreinal, del alto clero, y del mundo distinguido, toma el velo de la hermandad del divino Jerónimo, en un convento —hermoso edificio— en la periferia, al sur de la ciudad. Importantes visitas, pláticas intelectuales, conversaciones literarias, representaciones dramáticas y musicales, ante un público urbano selecto, no son excepciones en la Sala de Audiencias de las religiosas del convento. Allí resplandece la gracia de Sor Juana, serena y espiritual, a tal grado, que su severo confesor, al correr de los años, llegó a sentir escrúpulos progresivamente. Cuando en el año de 1680, un nuevo virrey, el conde de Paredes, hace su entrada triunfal a México, con su esposa María Luisa de Gonzaga, Sor Juana fue escogida por el Cabildo de la Iglesia Metropolitana, para idear un arco triunfal con figuras, cuadros místicos y alegóricos; inscripciones, sentencias latinas y españolas. Cumple con su comisión, glorificando al nuevo mandatario como Neptuno [Neptune]; con una pompa inmensa, erudición y lisonjas cortesanas, fundando esta identificación tan sutil con muchas citas altisonantes: «Un hijo de Saturno [Saturn], qué otra cosa puede significar que haber surgido del tronco de la dinastía española, de la cual han nacido tantas divinidades terrenales». El arco, dividido en tres alas de 30 varas de alto por 16 de ancho, ornado de columnas, estatuas, máscaras y ocho cuadros, se erigió en el portal oeste de la magnífica catedral, terminada apenas doce años antes y cuya construcción duró un siglo. La poetisa recibió, por su colaboración, un presente monetario y expresó su agradecimiento, graciosamente, en cuatro décimas. Apenas había una fiesta en las iglesias y conventos de México, Puebla y Oaxaca; o en la Universidad; apenas se festejaban el cumpleaños de los Reyes de la Vieja y de la Nueva España; apenas se quiere rendir homenaje a los príncipes de la iglesia; apenas hay una ordenación o toma de hábitos, se solicita que Sor Juana contribuya con versos e interpretaciones dramáticas, melodramáticas, para la glorificación. Ella se expresa siempre con bullente plenitud: el verso fluye más fácilmente de su pluma que la prosa. Puede —dice ella— aplicársele las palabras de Ovidio: «Quidquid conabar dicere versus erat»; y que no se había visto jamás, suya, una sola «copla indecente». «Tampoco he compuesto nunca de propia voluntad, sino siempre a ruegos o a encargo de otros y únicamente puedo recordar de algunas pocas cosas que escribí de propio impulso: la intitulada "El Sueño"» (III-S-54). Este poema del sueño es, como veremos, una obra maestra. Pero este espíritu hábil, sin embargo, no alcanzaba la virtuosidad de un Lope de Vega, no se ajustaba de ningún modo a su lírica impersonal —personal—. Sor Juana tuvo, además, una ansia de aprender, una dicha de saber; y fue aguda, de una casi impertinente inteligencia. Un rasgo racionalista pasa por su pensamiento, el cual , para llegar a ser peligroso, le falta tan solo perseverancia y método. También se lamenta de cómo la vida conventual penetra en su espíritu, interrumpiéndola diversamente. Cuando una abadesa severa o el médico le prohiben los estudios, ella se vuelve todavía más nerviosa. Además, tiene a su cargo, como se deduce por la inscripción de uno de sus retratos, durante nueve años, la contaduría del convento, la cual desempeña a veces —como se dice— aun con varias heroicas operaciones. También fue administradora del archivo. La elección de Abadesa —es verdad— la declinó dos veces. Como no fue ella quien hizo imprimir sus trabajos y como, con la indolencia castiza española, le gustaba hacerse suplicar y hostigar, muchos de ellos se han perdido, entre otros: Un compendio de armonía musical, *El Caracol*. En el resto se basa en la teoría de Guido de Arezzo, así podremos notarlo en su «festspiel» —pieza escrita al cumpleaños de la condesa Elvira de Galve, virreina desde 1668—. En esta pieza, la *Dama Música*, rodeada de las voces tónicas: Ut, Re, Mi, Fa, Sol, La, anuncia, entre otras cosas, una ampliación sinestésica de la teoría armónica. Así riega ella a los pies de la princesa, los filosofemas, mezclados de juegos de palabras, de conceptos y homenajes cortesanos. Sin plan, infatigable autodidacta, casi se podría decir: insaciable filibustera, se agarra violentamente a su saber y así lo restituye en cualquier ocasión. Nada didáctico para lucirse, sino ante todo, para alegrar, consolar y sorprender y, si era necesario, asombrar. Amaba todas las ciencias con una fresca manera femenina como se aman delicias y aventuras y expresaba lo que sentía. Probablemente este significado tiene, más o menos, su escrito sobre *El equilibrio moral*, un tratado —según parece— substraído desde 1847, con otros manuscritos, por un general norteamericano, en Washington, extraviados desde entonces. Para comprender el interés y la apasionada ardorosidad con que Sor Juana emprende su carecía de extrañas asociaciones de ideas, a través de libros, no es suficiente pensar en la ostentación del saber y la polimática del barroco, en boga por toda Europa y, sobre todo, en las Compañías de Jesús, en las postrimerías del siglo XVII, para cuya satisfacción se confeccionaban numerosas enciclopedias. Hay que tomar en consideración que Sor Juana vivió en un país colonial, alejada de las bibliotecas europeas, en donde no había absolutamente ningún interés por los estudios femeninos, y las personas más allegadas a ella, como sus padres, monjas, superiores y, sobre todo, su confesor severo —aunque excelente—, iban poniendo siempre nuevos obstáculos, cada vez mayores, a su avidez de instruirse, aumentándola. Por otra parte, llegaban a su celda, de la Corte Mexicana, así como de todos los círculos intelectuales europeos e hispanoamericanos, elogios, obsequios, invitaciones para correspondencias literarias y otras muestras de admiración. Ella debía tener la impresión de sí misma que era un pájaro milagroso, prisionero, cuyo vuelo temblaba hacia la lejanía. La fama de su belleza aumentaba la de sus conocimientos y facultades. Para unos llega a ser un «Fénix»; para otros, un escándalo. El padre Antonio, quien tenía temores respecto de la salvación de su alma, parece haber dicho: Dios no podía haber enviado un azote más grande al país, dejando a Juana Inés en el mundo mundano. Más tarde, cuando ya había vivido y servido largos años en el claustro, sin poder renunciar a la ciencia y a las artes, le retiró su asistencia espiritual, dejándola sufrir dos años, bajo la presión de su silencio desaprobador. Cometió su más grande audacia —no a nuestros ojos, sino a los de entonces—, en el año de 1690, con su crítica a uno de los sermones del padre jesuita Antonio Vieyra (1608-1697), célebre por sus prédicas en aquel tiempo, en todo el círculo cultural hispano-portugués. Juana había escrito su crítica a petición de un caballero muy considerado, y es sabido que no fue ella, sino el obispo de Puebla, quien mandó imprimir la controversia, sin miramientos, a pesar de su estimación por Vieyra. La manera fina, agresiva, meditada, y casi apasionada como descubría los sofismas ingeniosos del padre y los contestaba metódicamente, suscita grande sensación; y entre los teólogos y jesuitas, cierta perplejidad y aun descontento, pues se trataba nada menos de las «mayores fuerzas de Cristo»; es decir, de lo que constituían en realidad, las mayores pruebas de amor del Salvador hacia la humanidad. El hecho de que una monja pudiera rivalizar con el maestro de los predicadores, el grande misionero brasileño, confesor del rey de Portugal y de la reina Cristina de Suecia, y que aun llevara ventaja en el tema, era inaudito. Aunque los objeciones no faltan, no queremos entrar en los detalles teológicos de la polémica, sino acentuar solamente el punto principal. Sor Juana defendía, súbita, tan ortodoxa como decididamente, los límites entre Dios y el hombre; la diferencia entre amor divino y humano, rehusando cualquier mezcla mística o conceptista. Este hecho es fundamental para comprender su personalidad y su poesía. No se debe tomar a Sor Juana, como sucede frecuentemente, como una visionaria. En su profesión de fe, ortodoxa; en su idea, clara y segura; en la norma de su vida, pura y fiel a su deber, recorría su difícil camino. En las postrimerías del siglo XVII sobrevinieron años tristes y tormentosos en el país. En el Norte se levantaban los indios, aniquilando o dispersando las misiones cristianas. Piratas en la costa, insurgentes en el interior y pronto también en la capital, esparcían fieros rumores de inseguridad. El tráfico se estancaba, las carreteras se enfangaban, la carestía se generalizaba; los indígenas, desesperados, volvían a inmolar víctimas humanas a sus viejos dioses. El virrey conde de Gálvez, inseguro de su vida, abandonaba el Palacio, atropellado por la muchedumbre, escondiéndose en el convento de San Francisco. El 8 de junio de 1692, los edificios del Cabildo y del Archivo del Estado se incendiaban. Cruel y sanguinariamente se reprimió la rebelión. En el ardiente verano de ese año se podían ver diariamente flagelaciones públicas, degollaciones, procesiones expiatorias, pasando frente a las iglesias cerradas. Las enfermedades se propagaban, cortejos fúnebres interminables pululaban a través de la ciudad, y muchos de los admiradores, amigos, hermanos conventuales y parientes de Sor Juana, perecían. No era extraordinario que bajo tales impresiones, renunciara a toda fruslería exterior; a sus estudios, joyas, figulinas, y regalos con los cuales la sociedad cortesana la había colmado; y aun al más amado consuelo de su celda, su «quita pesares», es decir, su biblioteca compuesta de 4.000 volúmenes; sus instrumentos astronómicos y musicales, todo eso lo entregó al obispo de México, para que lo vendiera y repartiera entre los pobres el importe recolectado. Se castigaba tan duramente que el confesor tenía que aconsejarle moderación. Cuando la peste surge en el convento, se dedica al cuidado de los enfermos, hasta que ella misma sucumbió en la mañana del 17 de abril de 1695. Conservamos de ella tres retratos, en técnica distinta. Muestran una cara franca, regular y fina, siempre en el hábito de su orden, con libros y utensilios de escribir; ora sedente, ora de pie, de medio cuerpo o en la gracia de su esbelta figura. En el cuadro del Museo Provincial de Toledo, copia hecha en México en 1772, se lee un soneto que no se encuentra en sus obras impresas, pero que expresa perfectamente, si no nos engañamos, el ambiente de los últimos años de su vida y la conciencia clara de su renunciamiento. ¿Si la renuncia a toda esperanza terrenal era, en realidad tan decidida, podía serlo en un espíritu claro y móvil, como el de Sor Juana? ¿No hubiera permanecido a su lado, por lo menos la hermana menor de la esperanza —como Goethe la llamaba— la fantasía? En el escritorio de la finada se encontraba todavía inconcluso, un largo romance *a las insuperables plumas europeas que habían alabado, sobremanera, sus obras.* (III-S-157 H.) Mitad lisonjeada, mitad divertida, amonesta a sus admiradores: ella es una mujer ignorante, de estudios desordenados y pocas capacidades; ¿acaso los condimentos de su tierra habían regado un perfume mágico en sus versos? Esta glorificación es para ella perturbadora y avergonzante, porque seguramente va dirigida a una imagen ideal en la cual la habían convertido los intelectuales europeos, o aún más; se dirigía tan solo al bello sexo, siendo una galantería espiritual, etc. La idea de su gloria literaria la preocupaba mucho en su celda y era para ella como un cosquilleo siempre renovado; en parte agradable, en parte molesto. De un modo asaz espiritual y coqueto, bromea a propósito en un romance a un extraño caballero quien, inspirado en su gran poema del sueño, la había saludado como al fénix de los poetas; igualmente, en otro romance al poeta peruano don Luis Antonio de Oviedo y Herrera, conde de la Granja, así como en la comedia *Los empeños de una casa*, deja entrever, en las palabras y la actitud del personaje principal, Doña Leonor, algo de las preocupaciones de la bella y sabia señorita, en cuanto a la gloria y admiración. Entre el segundo y tercer acto de esta comedia, Juana intercala una burlesca, en la cual dos actores graciosos y ociosos (uno de los cuales no puede pronunciar la «S» silbante) critican como aburrida, la propia pieza que está representándose. El de las «eses» opina que hubiera sido mejor representar algo de Calderón, Moreto o Rojas; o repetir la buena interpretación de la *Celestina*, la que no obstante su compostura de paño malo y de bueno, siempre resultaría más divertida que ese género sin fin y sin plan de principiante, ya que, en general, las comedias españolas eran más ágiles que las mexicanas. Y entonces empieza, acompañado de canciones, gritos y lamentos del autor, un silbar estruendoso. Así, tan graciosamente, supo Juana burlarse de sí misma, colocándose simultáneamente en una misma fila con los entonces más famosos dramaturgos españoles. Considerando estas y otras parecidas autocríticas, directas e indirectas, nunca considera las aprobaciones y éxitos como algo natural y aun merecido, a los cuales tenía derecho. (Su carta del 1.º de marzo de 1691 C M-S-8-H.) Siempre está sorprendida de esto y puede ser reflejada en ella, como apenas puede tranquilizarse. No era vanidad, el estudio y la poesía la conducían de la mano fácilmente como si fuera la cosa más

17

natural del mundo, y el aplauso venía automática y unánimemente; así se explica que se viera siempre ante un misterio; el misterio de su propio talento. Casi lo mismo sucedió a sus admiradores, quienes encontraban a veces magníficas expresiones para caracterizar cada situación. También en nuestro concepto, Juana Inés es una niña prodigio y su gloria rápida y ruidosa a uno y otro lado del océano, un milagro de enlace espiritual entre la colonia y la tierra materna (sin cable, sin radio, hubo una mutua comprensión dentro del mundo cultural español, mientras los de hoy, solo nos comunicamos con el extranjero), Juana era una virtuosa innata, por eso no se puede comprobar un desenvolvimiento metódico. El primer poema suyo cuya fecha podemos comprobar con seguridad, el soneto, «Suspende cantor cisne el dulce acento», del año 1668, nos muestra a la muchacha que todavía no cumple diecisiete años, en pleno dominio del difícil estilo culterano. Desde un principio está a la altura de cualquier tema, igualmente bien versada en todos los géneros y métricas de la literatura española. Tanto se acerca a sus más importantes modelos en el gran arte; Góngora y Calderón, al estilo popular eclesiástico, de los romances clericales: villancicos, endechas, ensaladillas, al modo de Castillejo, Valdivieso, Lope de Vega, etc., y a la manera burlesca de Polo de Medina, que resulta difícil desprender su nota personal. En lo exterior se distingue más bien por su temperamento femenino y tendencias hacia formas mixtas y sueltas; por sus improvisaciones, al estilo de conversación, que por un trabajo conciso. La primera obra importante: *Los empeños de una casa*, podría ser de un imitador cualquiera de Calderón, a pesar de su gracia y frescura. La Comedia mitológica, galante, antiguo-barroca, *Amor es más laberinto*, escrita en colaboración con su primo; el licenciado Juan de Guevara, no tiene ningún estilo, y como Juana misma confiesa, al final de la pieza, «contra el genio fue hecha de encargo». Las piezas de Corpus, *San Hermenegildo* y *El cetro de Joseph*, no muestran mucho más la habilidad usual, conceptista, en especulaciones teológicas. Su manera especial y propia se aprecia mejor en el poema «Primer sueño» (II S. 171-b 200), escrito a la edad de treinta y cinco a cuarenta años no solamente para imitar y competir con Góngora, sino ante todo, para llamar la atención. Imposible reproducir en este lugar el poema completo compuesto de 975 endecasílabos y septisílabos, rimados en libre combinación madrigalesca, que se desarrolla sin censura marcada, casi se podría decir, sin interrupción, como un verdadero sueño. El curso de ideas zigzaguean de motivo en motivo, en inversiones audaces, circunloquios y metáforas. El lector se enhebra de tal manera en el tejido artificioso, que ya corriendo hacia adelante, ya mirando hacia atrás, va y vuelve por todos lados, en este laberinto donde queda preso, hasta que, de un golpe, se rompe el encanto mágico y él no guarda nada en las manos, sino el resultado racional como un montoncito de ceniza. Para dar una impresión, la menos vaga, nada me parece tan apropiado como la reproducción abreviada y excitativa, es decir, una síntesis analítica. La sombra piramidal de la tierra envía su ángulo nocturno al espacio astral, pero no llega más allá de la esfera del cielo lunar. Dentro de su oscuro reino nebuloso, impera el silencio. Solo se escuchan las leves voces de las aves nocturnas; su vuelo. Vuelo reposado y el canto de la huraña Nyctimene; la lechuza acecha en la puerta entreabierta del templo o en los huecos de las ventanas para penetrar y beber el aceite de la santa y eterna llama, que profana y apaga. Las hijas de Minyas, murciélagos, entonan juntos, en bandadas, con el búho traidor de Plutón, una canción nocturna, pasada y actual; Harpocrates, divinidad egipcia del silencio, con el dedo en la boca, impone el silencio. El viento se apaga, el perro duerme; nada se mueve. La cuna del mar donde reposa el Sol y los peces, dos veces enmudecidos, apenas se balancea. En las cuevas y barrancas escondidas de la montaña, los animales, tanto los temerosos como los temerarios, sucumben a una misma ley del sueño. El rey, alerta, Acteón, el cazador, convertido en ciervo fugaz, reposa en el bosque; los ojos abiertos, soñoliento; ya está durmiendo, pero aun en sueños, endereza las inquietas orejas al menor ruido. En la maleza, el nido temblante, lleno de los hijos durmientes del aire inmóvil, está tranquilo. El águila de Júpiter, recelosa de la paz, se balancea cautelosamente de una pierna, para no adormecerse, sosteniendo en la garra levantada una piedra reloj que le mide el tiempo de reposo. Una órbita eterna y un ramo dorado de penalidades, son la corona del monarca. Ahora todo duerme y reposa, aun el ladrón y el amante. La medianoche se inclina y la naturaleza, constante en la mutación, descansa de penas y gozos. Y todos los mortales, desde el papa y el emperador, hasta los campesinos bajo su techo de paja, están los miembros distendidos, los sentidos en suspenso, en un estado parecido a la muerte. Morfeo, hermano de la muerte, a todos los compara. El alma, libre de sus negocios exteriores, se concentra en sí y manda tan solo calor vegetativo a los miembros cansados; el cuerpo, un cadáver con alma aparentemente muerto, animado por pequeñas y rítmicas señales de vida; corazón y pulmones trabajan con regularidad, sosteniendo la vida en rescoldo. Los sentidos tan solo en actitud defensiva contra el mundo exterior; la lengua, paralizada; y el taller de la alimentación donde se regula, con seguridad y minuciosamente la digestión, deja llegar apenas algunos humos ligeros y depurados al cerebro, así, las imágenes de la fantasía y los pensamientos se purifican; y la imaginación se libera y representa las cosas, tal como en el espejo del faro de Pharos, que, hasta la lejanía inconmensurable, abarca todos los buques de la planicie pulida del mar: su número, su tamaño y su curso ondeante. Ahora, la fantasía calmada, pinta, con el invisible lápiz espiritual, las imágenes de todas las cosas, los colores y contornos de todas las criaturas bajo la Luna, y aun de los seres ficticios, de los astros, representándoles plásticamente ante el alma, que ya les contempla casi inmateriales, tomando parte en aquella existencia elevada; una chispa alegre despedida de la cadena pesante de los cuerpos y libre, mira las enormes bóvedas celestes en su órbita rítmica. Su fantasía siente como si estuviese en la cumbre de una montaña más alta que el Atlas, que el Olimpo; allá donde la nube se deshace y el águila no llega, más alto que todos los edificios artificiosos y audaces de las pirámides egipcias; se empuja a sí mismo, hasta el reino luminoso, invisible y sin sombras, para desplomarse luego. Las pirámides, las cuales, relata Homero, son únicamente símbolos terrenales del alma en ascenso, que aspira hacia el cielo, como la llama ambiciosa que se estira al encuentro de la primera causa. Estos edificios fabulosos y la torre de Babilonia, cuyo testimonio es, todavía hoy en día, la confusión de lenguas, serían solo grados inferiores en comparación con la pirámide espiritual, a cuya cúspide el alma se ve trasplantada, no se sabe cómo, porque se cierne encima de sí misma, zambulléndose asombrada y orgullosa, en nuevas regiones; y dirigiendo la mirada espiritual, que todo lo penetra, libremente sobre la creación, cuyos tropeles hormigueantes se manifiestan al ojo, mas no al entendimiento que, intimidado por la fuerza de las cosas, retrocede, mientras la mirada audaz no se deja limitar; se atreve a contemplar el Sol y se hunde en sus propias lágrimas. Pero el entendimiento colmado de la fuerza y de la multitud de las apariciones y de sus variantes queda vacío en medio de la plenitud, escudriñando sin seleccionar y cegándose a la vista del todo. Embotado, ya no distingue nada en la vasta unidad de las partes, vertida de polo a polo; ni siquiera los miembros del propio cuerpo, juntados conscientemente. Pero igual que el ojo, acostumbrado a la oscuridad, atacado y cegado por una luz súbita, se protege para adaptarse poco a poco, apela a la oscuridad en la lucha contra la luz y se procura, de vez en cuando, la sombra de la mano, para que se fortifique paulatinamente la fuerza visual —método curativo inteligente y natural de los antídotos, por el cual médicos de experiencia intuitiva protegen al cuerpo, sacando provecho de lo dañoso—, así el alma se rehace de su asombro distraído, de su incapacidad de captar y conservar, de la realidad agitada, por lo menos algo que llegue a concentrarse. Repliega las velas, escarmentado por el naufragio, y procura ordenar las cosas, pieza por pieza, separadamente, en diez categorías metafísicas, y, fracasada su intuición, se ase a lo abstracto y trepa displicentemente, de concepto a concepto. Así, mi entendimiento trata de subir, metódicamente, de lo inorgánico a la húmeda flora, a los seres que sienten y se preocupan y aun a la criatura más perfecta de la tierra, que llega hasta el cielo, y a quien el polvo cierra la boca, con la frente de oro y el pie de barro. Así subo los escalones de la escalera; luego vuelvo a desistir, porque no entiendo la más pequeña, la más leve maniobra de la naturaleza, ni el laberinto de la fuente sonriente; ni las bahías del abismo, ni los prados de Ceres, ni el cáliz colorido, ni el perfume de la flor, modelo de coquetería y seducción femeninas. Si el entendimiento queda burlado por una sola cosa, pienso tímidamente, cómo puede examinar toda la inmensa maquinaria, cuyo peso doblegaría a un Atlas o a Heracles, si reposara en sí mismo. Y sin embargo, una audacia, como la de Faetón, provoca y azuza el espíritu ambicioso, en lugar de asustarlo. Contagio peligroso de ejemplos osados. Tambaleando entre los imposibles, ora hacia éste, ora hacia aquel lado, el alimento dentro de mí se ha ido gastando. El sueño declina y los miembros, hambrientos y cansados por el cansancio, aun entre el despertar y el sueño, van desperezándose medio torpes todavía; las pestañas se contraen; las quimeras se esfuman, huyen de la cabeza, deslizándose como las figuras, hechas de luz y sombras, respectivamente dóciles, de la linterna mágica, en la pantalla blanca. Ya se acerca el Orto, el portador puntual del día, despidiéndose de los rayos crepusculares de los antípodas. Su despedida de allá nos sonrosa aquí la mañana. Venus precediéndole, irrumpe por la primer alba y la esposa del viejo Tifón, la resplandeciente amazona, armada de rayos y rociada de lágrimas, enseña la frente coronada y juega, amena y audazmente, adelantándose a la ardiente estrella del día. En torno a ella se juntan tímidos claroscuros; y a lo lejos, los más fuertes resplandores, para empujar a la enemiga del día, autoritaria y ensombrecida de laureles. Apenas hace ondear Aurora su bandera, despertando suaves y traviesas voces de pájaros, la tirana cobarde embozada en su capa protectora contra los rayos chamusqueantes, se vuelve para huir con miedo mal escondido, juntando con una oscura clarinada a los negros escuadrones para la retirada; y ya está herida por los haces de rayos, y la punta de las más altas torres principia a enrojecer. El Sol está allí, el círculo de oro cerrado. Líneas luminosas atraviesan lo azul; se precipitan las sombras nocturnas, dispersas, perseguidas hasta el ocaso y más allá, recuperan aliento para un nuevo dominio, mientras el lado nuestro, dorado por los bucles del Sol, se hace lúcido y claro; y la cosas ordenadas están de nuevo allá, visiblemente coloridas, y los sentidos se vuelven, decididos hacia fuera, hacia la tierra positivamente esclarecida, y estoy despierta.

El motivo fundamental del poema todo se destaca perfectamente. Quisiera designarlo como un asombro ante el misterio cósmico de los fenómenos, hombre y mundo. Un asombro que no es infantil, sino más bien consciente, y contempla las cosas de todos los días, demasiado conocidas, a través de nuevas fuerzas resueltas a la exploración, y sin embargo, insuficientes. Es el grado precedente a la educación y a la ciencia; una lucha con el enigma de la naturaleza y un sucumbir ante lo desmesurado del problema y del tema. Con recursos audaces y pseudo-exactos de pensamiento y lenguaje, se tratan los sucesos fisiológicos del sueño, de las actividades del corazón y los pulmones; de la digestión y de la alimentación del cerebro, y se describen métodos curativos, experimentos de proyección, fenómenos astronómicos y meteorológicos y otros asuntos de un modo, mitad científico, mitad fantástico. Concepto y percepción, exploración y mito, colaboran juntos, se alternan y estimulan en esfuerzos crecientes, excitados y funambulescos, no pudiendo calmarse, ni en la crítica, ni en la humilde autorresignación, ni en la entrega mística, sino solo en el agotamiento; es decir, en la claridad de la mañana.

Asombrar y hacer asombrar era el programa consciente de la poesía barroca; pero aquí ha llegado a ser un estado de ánimo real y, por decirlo así, legítimo, una sensación poética y un motivo fértil. Lo que poetas europeos, de aquella época, se proponían con intención glacial y efectista, como S. B. Marino, y lo que se exigían, por desilusión o afectación, con un afán estetizante, como Luis de Góngora, modelo inmediato de Sor Juana, aquí viene de una necesidad psíquica ineludible y se aligera en una poesía, la cual, aunque parezca en los detalles artificial, embrollada y recargada, es un logro poderoso y bien realizado. El esquema gastado, medieval, del sueño didáctico, se rejuvenece en esta lírica del despierto anhelo de investigar; y señala, hacia adelante, la poesía iluminada. Se piensa en Albrecht von Haller. Aun se advierten las primeras leves reminiscencias, las de ambientes prometéicos y faústicos. ¿Cómo es posible que sonidos tan preñados de futuro salgan de pronto de un convento mexicano de monjas? El espíritu anda dondequiera, pero no sin ciertas condiciones. Estas condiciones, de indispensable conocimiento, son el hecho de que el imperio español, su centro cultural, su dirección, hacia fines del siglo XVII, comenzaba a entumecerse. En tierra europea española, en Madrid, Toledo o Salamanca, se poseían ya, desde siglos, todos los tesoros de la cultura, que nuestra poetisa, en México, tenía que apropiarse penosamente, y casi con violencia, atenida a sus propias fuerzas. La frescura de su ansia de sabiduría, su placer en teorías, anticuadas desde hace mucho tiempo, como, por ejemplo, el sistema cósmico-ptoloméico; su curiosidad por la mitología antigua, y, al mismo tiempo, por la física moderna, por Aristóteles y Harvey; por las ideas de Platón y la linterna mágica de Kirschers; su afán ingenuo y sin selección, aventuremos la expresión, dilentantismo intuitivo, no hubiera prosperado en las universidades pedantes y temerosamente dogmáticas de la vieja España. El arte barroco español de los últimos tiempos, quería deslumbrar al mundo todo, hastiado y cansado. La poesía de Sor Juana es el asombro del espíritu que despierta, hambriento, y se esfuerza en su ansia de saber. Por lo tanto, usa el adorno culterano, solo excepcionalmente, cuando quiere expresar, como en aquel poema del sueño, un estado de ánimo extático; cuando quiere rivalizar en una emulación de festival, con otros poetas, como en su *Trofeo de la justicia española* (1691). En lo demás, evita el estilo erudito y oscuro; lo que es aún más notable, cuando la manía gongoriana se había apoderado de toda la cultura del México de aquel entonces; donde se leían, comentaban o imitaban y se aprendían de memoria las *Soledades* y el

Polifemo. En general, Juana escribe en lenguaje transparente y fluido, aunque no el de todos los días, ni el del sensualismo plástico y colorido, sino el picante, conceptuoso y dialéctico, de la conversación espiritual; «todo lo que veo —dice ella— evoca reflejos, lo que oigo, meditaciones», aun la más mezquina cosa material... adonde miro tengo que asombrar y discurrir; en la conversación con la gente, sobre sus palabras y la diferencia de sus talentos y temperamentos; en nuestro gran dormitorio, sobre la perspectiva y la aproximación mutua de las líneas (III-S-35. H.), sobre las curvas que describe el trompo de los niños, jugando sobre triángulos hechos de alfileres, especulaba desde el punto de vista geométrico y teológico, y aun sobre las reacciones de huevos, mantequilla y azúcar, en el brasero. Se eleva sobre la vida diaria; ya racionalmente, ya juguetona o edificante; y también prefiere, en su expresión, lo gracioso y precioso, el juego de palabras: «la pointe»; las comparaciones y contrastes exabruptos. Una alegría clara, un zaherir verboso, pero sin malicia, desemboca en todas partes lo irracional, haciéndolo relucir; un modo de escribir, suelto y descuidado, se burla del espíritu, se avergüenza y le aguijonea, haciendo resonar varias reminiscencias, tal es su carácter. Así está de acuerdo su predilección por el romance y por el cambio de formas; y las hay tanto en la literatura española; pasa de la conversación al canto y de la lógica a la imaginación. Se expresa muy elocuente y graciosamente en felicitaciones poéticas y semipoéticas; agradecimientos, homenajes, cumplimientos, ternuras, celosías, galanterías y despedidas; y a veces, es apenas posible distinguir las ocasiones fingidas de las reales. Lo más de esta poesía festival, suena como números brillantes e ingeniosos de una comedia. Se podrían poner en boca de éste o aquel personaje, tan grande es, de un lado, su desinterés, y del otro, el entusiasmo vivo con que se presentan. De esta categoría son también las famosas redondillas. Versos en los cuales el bello sexo se defiende contra los hombres y que todavía figuran hoy día, en todas las antologías de poesía española e hispanoamericana, como resto picaresco de la gloria marchita de Sor Juana. Pero no toda su poesía está tejida en tela tan ligera. Asombro y juegos ingeniosos no duran siempre, y si duran, conducen a una soledad del alma. No obstante su estado claustral y justamente a causa de él, Sor Juana necesitaba la concordancia de ánimo con el mundo que la rodeaba. El segundo grande motivo fundamental de su poesía, por decirlo así, el lado opuesto a su «meditación» y a su «admiración» es la del «concentus». Son ante todo las ocasiones religiosas, así como las nacionales y cortesanas, en donde la poesía de Juana festeja la armonía de las almas. Las formas que se le presentan son las de «piezas-festivales», lírico-dramáticas, melodramáticas, cantos panegíricos y el júbilo general, que se exalta y lucha para fundirse al fin en un homenaje unánime. Aquí viene en su ayuda su talento musical que apenas se puede juzgar, porque ninguna de sus composiciones se ha conservado. En lo demás, la fuerza productora del unanimismo de nuestra poetisa, es más bien religiosa que artística. En la fe, en la crítica espiritual y en el amor cristiano, mucho más que en la fantasía creadora, abarca y armoniza los fenómenos contradictorios del mundo. Sus letras, villancicos, loas, sainetes y actos, son más bien inventados o arreglados y adornados retórica, lírica y melódicamente, que compuestos y formados visionariamente desde lo profundo. Los personajes de estas piezas son, en parte alegóricos; en parte típicamente representativos. Un ser verdaderamente vivo aparece a lo más, de un modo cómico, entre ellos. La religión de Juana no es excesivamente mística. La armonía psíquica se produce en sus piezas festivas o religiosas, no por borradura, interrupción o renunciamiento de sí mismo, de los personajes en sus obras, tampoco por el arrasamiento de las leyes jerárquicas o sociales. Nunca se olvida en su entusiasmo. Cuando, por ejemplo, quiere adorar al rey de España o a una virreina mexicana, lo hace con exaltación transparente, mitológica o metafóricamente, pero jamás con devoción heterodoxa. Juana hace una diferencia estilística muy notable entre las fiestas de la corte y las de la iglesia, aunque se realizaban y entremezclaban en las costumbres españolas y probablemente también en las mexicanas. A los príncipes mundanos, rinde homenaje —por ejemplo— Flora, Pomona, Zéfiro y Vertumno; los cuatro elementos, las estaciones, las edades de la vida, los planetas, o divinidades antiguas, fuerzas psíquicas personificadas y abstracciones, como la vida, la naturaleza, la majestad, la fidelidad o las artes y las ciencias, rivalizando entre sí. El país, el pueblo, la ciudad, la multitud, la plebe, entran, a lo más, como espectadores o comparsas, o como coro que, impaciente, irrumpe en la festividad aunándose a ella. Los festivales eclesiásticos se realizaban de un modo más popular, especialmente los villancicos humorísticos. En aquellos pequeños melodramas, semi-dramáticos, a la Navidad, a la Ascensión, a la Concepción y a los santos, actúa mucha gente humilde; vascos, portugueses, negros, e indios, en sus dialectos y lenguas o en español chapurreado; estudiantes y sacristanes hablan latín, lo que da lugar a malas inteligencias. Entre más babilónica resulta la confusión y mezcla de lenguas, más efectiva y victoriosa la misión de los sabios e idiotas, de los ángeles y hombres; señores y esclavos blancos y negros, en la adoración y gloria jubilosa. Aun la divinidad se humaniza, si no directamente en comparaciones ingeniosas y dialécticas; el niño Jesús como un «criollito», la Virgen como una muchacha aldeana, una zagala o doctora, cantante, Bradamante y Angélica, de Ariosto y aun como yegua que da patadas. Y San Pedro Nolasco, como un bandolero o médico de enfermedades venéreas. Es conocido que la religiosidad española, en el barroco del tono popular espiritual, no retrocedía ante ninguna falta de gusto y, como en el juego de las ensaladillas edificantes, todo se mezclaba y se aceptaba generalmente. Por lo tanto, no creo que en la introducción de alabados, y cantos panegíricos, aztecas y negros en el *Tumba la la* de los negros y en el *Toco tín* de los indios, se pueda buscar una tendencia o manifestación social o revolucionaria en Sor Juana, como quisiera Chávez. Se trata únicamente de un juego formal humorístico, de color mexicano, pero usual en la tradición de este género desde hace siglos. Cuán humanamente inteligente, teológicamente claro y políticamente reservado, pensaba nuestra poetisa sobre la relación de los indios; en parte paganos, en parte deficientemente cristianizados por la iglesia: En el bello prólogo del *Cetro de Joseph*, se nota perfectamente.

Sin embargo, hay que tomar en consideración que Juana veía reunidas sin ninguna diferencia, en las iglesias de México, casi diariamente, las más diversas categorías de hombres; inmigrados, aborígenes, negros y mestizos, y podía observar ella misma, una unión psíquica de las razas, siempre más fuerte, mientras la vieja España, que en los primeros decenios del siglo XVII expulsaba a los moros, moriscos y judíos, ya no podía presenciar ningún fenómeno parecido. En México: un emocionante enlazamiento de ánimos, fermentaba y abarcaba toda una nación llena de color, en el proceso de formación; en España: una uniformidad petrificada, reservada y senilmente exclusivista. Como los impulsos de curiosidad y exploración, también las tendencias hacia una comprensión cariñosa de la humanidad multicolor, allá en la periferia del imperio español, estaban todavía rebosantes de juventud cuando en la Madre

Patria ya se secaban y fenecían. No es milagro que también esta segunda serie de motivos, resuenen más clara y más afectuosamente en la poesía de Juana. Su *Divino Narciso*, es de lo más bello que la literatura española puede presentar en el género de las piezas de Corpus, aunque su andamiaje dogmático no es muy propicio a la poesía pura. El prólogo comienza con danzas y cantos mexicanos; un culto pagano en honor de los dioses de las siembras y trata de la subversión de los indios. La pieza en sí, estaba destinada a una representación en Madrid. La idea poética fundamental se destaca, en el curso de la acción, en discursos y controversias sofísticas, especulativa y musicalmente relumbradora y resonante. Narciso, el irredimido, que según la fábula antigua, solo puede amarse a sí mismo, llega a ser en la poesía de Sor Juana el hijo del hombre, el redentor en busca de la naturaleza humana caída y desheredada, pobre pecadora. Esta, por su parte, le busca a él. Bajo quejas ansiosas y palabras de amor, reminiscencias del *Cantar de los cantares* los desunidos vagan por el paisaje de Arcadia: Lucifer, bajo la apariencia de la ninfa Eco, la celosa caída y repudiada, persigue a Narciso [*Narcissus*], le conduce a la cumbre de la montaña, le tienta y quiere impedir, de todos modos, que los amantes se encuentren. Pero guiada por la merced celestial, la pecadora llega a la fuente de la pureza, cubierta de malezas y desde el lado opuesto se acerca a Narciso. Descubre el reflejo de la amada que le hace señales entre el ramaje, simultáneamente su propio reflejo, reflejo de la naturaleza humana. Entretanto, Eco se ha acercado cautelosa, y acompañada de «Orgullo» y «amor propio», acecha a los amantes, pierde de envidia y celos la lengua; balbucea e imita, acompañando palabras de amor y consuelo, a la pareja deshecha de Eco, con propia desesperación y coraje. En su insaciable sed de amor, Narciso se lanza a la fuente; tiembla la tierra; la pecadora y las ninfas lloran; pero, transfigurado, Narciso surge de la muerte e instituye, para la unión eterna con la amiga, el sacramento de la Eucaristía.

El encanto de la pieza, difícil de precisar y probablemente imposible de reconstruir hoy en día, está quizás, en la sensualidad difusa y llena de alma con la cual se sienten, se reflejan y se cantan las cosas del más allá; y en la erótica intelectual femenina, cuya gracilidad, frivolidad y coquetería no significan, en el fondo, una depreciación, sino un mitigar del asunto grandioso. El espíritu de la poetisa abarca toda la amplitud y profundidad del misterio de amor sacrificado, muerte, redención y enlazamiento bienaventurado. Su fantasía percibe el drama eterno, en formas mansamente virginales, como una pieza entre pastores y ninfas, en colinas, en bosques; junto a fuentes, flores y arbustos, acompañada de música y canto. Con esta percepción logra componer versos redentores como «Aquí ovejuela perdida» y sentencias profundas y bromeantes como «porque hasta Dios en el viudo». Entonaciones igualmente tiernas e inteligentes, se encuentran en sus romances, endechas y liras de amor terrenales como celestes. Su afectuosidad y su perspicacia permanecen de la misma finura, ya se trate de inclinaciones mundanas o eternas. El sentimiento íntimo jovenzuelo y algo zahareño, no necesita aclaración, se comenta en sí mismo y lejos de opacarse, se esclarece. Entre la poesía mundana y eclesiástica, no hay confusión ni en lo exterior, ni en lo interior ninguna ruptura; tampoco se contradicen o se impiden los motivos fundamentales que hemos desarrollado; al contrario, se penetran y se modifican mutuamente, de manera que su actitud, asombrada, interrogadora y la armonía con este mundo, plena de alma, se completan y se acoplan recíprocamente. Cada uno de los dos motivos encuentra en el otro, su complemento y su delimitación. Por lo tanto, la poesía de Juana no se pierde, ni en extravagancias del espíritu, ni en misticismos del sentimiento; no sufre los típicos excesos del estilo barroco sin tener necesidad de imponerse una disciplina especial y sujetar fuertemente las riendas del arte. Se puede permitir, en los detalles, varias extravagancias, porque, en el fondo, es un temperamento sereno, equilibrado y noble. Es natural que, a pesar de su gloria, en la Nueva y la Vieja España, no haya podido ejercer un influjo literario duradero. Solo desde la segunda mitad del siglo XIX, se comienza a escuchar, con nueva atención, el eco de este grande arte español. Y ahora, cuando debemos dudar si estamos en el orto o en el ocaso de una época artística, su voz esfumada y crepuscular nos habla con más claridad que nunca.

Sonetos

I. Procura desmentir los elogios que a un retrato de la poetisa inscribió la verdad, que llama pasión

Éste que ves, engaño colorido,
que, del arte ostentado los primores,
con falsos silogismos de colores
es cauteloso engaño del sentido;

éste en quien la lisonja ha pretendido   5
excusar de los años los horrores
y venciendo del tiempo los rigores
triunfar de la vejez y del olvido:

es un vano artificio del cuidado;
es una flor al viento delicada;   10
es un resguardo inútil para el hado;

es una necia diligencia errada;
es un afán caduco, y, bien mirado,
es cadáver, es polvo, es sombra, es nada.

II. Quéjase de la suerte: insinúa su aversión a los vicios y justifica su divertimiento a las Musas

¿En perseguirme, mundo, qué interesas?
¿En qué te ofendo, cuando solo intento
poner bellezas en mi entendimiento
y no mi entendimiento en las bellezas?

Yo no estimo tesoros ni riquezas,   5
y así, siempre me causa más contento
poner riquezas en mi entendimiento
que no mi entendimiento en las riquezas.

Yo no estimo hermosura que vencida
es despojo civil de las edades   10
ni riqueza me agrada fementida,

teniendo por mejor en mis verdades
consumir vanidades de la vida
que consumir la vida en vanidades.

III. Muestra sentir que la baldonen por los aplausos de su habilidad

¿Tan grande, ¡ay hado!, mi delito ha sido
que por castigo de él o por tormento
no basta el que adelanta el pensamiento
sino el que le previenes al oído?

Tan severo en mi contra has procedido,   5
que me persuado, de tu duro intento,
a que solo me diste entendimiento
porque fuese mi daño más crecido.

Dísteme aplausos para más baldones,
subir me hiciste, para penas tales;   10
y aun pienso que me dieron tus traiciones

penas a mi desdicha desiguales
porque viéndome rica de tus dones
nadie tuviese lástima a mis males.

IV. Cadena por crueldad disimulada el alivio que la esperanza da

Diuturna enfermedad de la esperanza
que así entretienes mis cansados años

y en el fiel de los bienes y los daños
tienes en equilibrio la balanza;

  que siempre suspendida en la tardanza   5
de inclinarse, no dejan tus engaños
que lleguen a excederse en los tamaños
la desesperación o la confianza:

  ¿quién te ha quitado el nombre de homicida
pues lo eres más severa, si se advierte   10
que suspendes el alma entretenida

  y entre la infausta o la felice suerte
no lo haces tú por conservar la vida
sino por dar más dilatada muerte?

V. En que da moral censura a una rosa, y en ella a sus semejantes

Rosa divina que en gentil cultura
eres con tu fragante sutileza
magisterio purpúreo en la belleza,
enseñanza nevada a la hermosura;

amago de la humana arquitectura,   5
ejemplo de la vana gentileza
en cuyo ser unió naturaleza
la cuna alegre y triste sepultura:

¡cuán altiva en tu pompa, presumida,
soberbia, el riesgo de morir desdeñas;   10
y luego, desmayada y encogida,

de tu caduco ser das mustias señas!
¡Con qué, con docta muerte y necia vida,
viviendo engañas y muriendo enseñas!

VI. Muestra se debe escoger antes morir que exponerse a los ultrajes de la vejez

Miró Celia una rosa que en el prado
ostentaba feliz la pompa vana
y con afeites de carmín y grana
bañaba alegre el rostro delicado;

y dijo: Goza, sin temor del hado,   5
el curso breve de tu edad lozana,
pues no podrá la muerte de mañana
quitarte lo que hubieres hoy gozado.

Y aunque llega la muerte presurosa
y tu fragante vida se te aleja,   10
no sientas el morir tan bella y moza;

mira que la experiencia te aconseja
que es fortuna morirte siendo hermosa
y no ver el ultraje de ser vieja.

VII. Contiene una fantasía contenta con amar decente

Detente, sombra de mi bien esquivo
imagen del hechizo que más quiero,
bella ilusión por quien alegre muero,
dulce ficción por quien penosa vivo.

Si al imán de tus gracias atractivo   5
sirve mi pecho de obediente acero,
¿para qué me enamoras lisonjero,
si has de burlarme luego fugitivo?

Mas blasonar no puedes satisfecho
de que triunfa de mí tu tiranía;   10
que aunque dejas burlado el lazo estrecho

que tu forma fantástica ceñía,
poco importa burlar brazos y pecho
si te labra prisión mi fantasía.

VIII. En que satisfaga un recelo con la retórica del llanto

Esta tarde, mi bien, cuando te hablaba,
como en tu rostro y tus acciones vía
que con palabras no te persuadía,
que el corazón me vieses deseaba.

Y Amor, que mis intentos ayudaba,   5
venció lo que imposible parecía,
pues entre el llanto que el dolor vertía,
el corazón deshecho destilaba.

Baste ya de rigores, mi bien, baste,
no te atormenten más celos tiranos,   10
ni el vil recelo tu quietud contraste

con sombras necias, con indicios vanos:
pues ya en líquido humor viste y tocaste
mi corazón deshecho entre tus manos.

IX. Efectos muy penosos de amor, y que no por grandes igualan con las prendas de quien le causa

¿Vesme, Alcino, que atada a la cadena
de amor, paso, en sus hierros aherrojada,
mísera esclavitud desesperada,
de libertad y de consuelo ajena?

¿Ves de dolor y angustia el alma llena,   5
de tan fieros tormentos lastimada,
y entre las vivas llamas abrasada,
juzgarse por indigna de su pena?

¿Vesme seguir sin alma un desatino
que yo misma condeno por extraño?   10
¿Vesme derramar sangre en el camino

siguiendo los vestigios de un engaño?
¿Muy admirado estás? ¿Pues ves, Alcino?
Más merece la causa de mi daño.

X. No quiero pasar por olvido lo descuidado

Dices que yo te olvido, Celio, y mientes,
en decir que me acuerdo de olvidarte,
pues no hay en mi memoria alguna parte
en que, aun como olvidado, te presentes.

Mis pensamientos son tan diferentes   5
y en todo tan ajenos de tratarte,
que ni saben ni pueden olvidarte,
ni si te olvidan saben si lo sientes.

Si tú fueras capaz de ser querido,
fueras capaz de olvido; y ya era gloria   10
al menos la potencia de haber sido.

Mas tan lejos estás de esa victoria,
que aqueste no acordarme no es olvido
sino una negación de la memoria.

XI. Prosigue el mismo pesar y dice que aún no se debe aborrecer tan indigno sujeto, por no tenerle aún así cerca del corazón

Silvio, yo te aborrezco y aun condeno
el que estés de esta suerte en mi sentido,
que infama el hierro el escorpión herido
y a quien lo huella mancha inmundo cieno.

Eres como el mortífero veneno,   5
que daña quien lo vierte inadvertido;
y en fin, eres tan malo y fementido,
que aun para aborrecido no eres bueno.

Tu aspecto vil a mi memoria ofrezco,
aunque con susto me lo contradice,   10
por darme yo la pena que merezco,

pues cuando considero lo que hice,
no solo a ti, corrida, te aborrezco,
pero a mí, por el tiempo que te quise.

XII. De amor, puesto antes en sujeto indigno, es enmienda blasonar del arrepentimiento

Cuando mi error y tu vileza veo,
contemplo, Silvio, de mi amor errado,
cuán grave es la malicia del pecado,
cuán violenta la fuerza de un deseo.

A mi misma memoria apenas creo   5
que pudiese caber en mi cuidado
la última línea de lo despreciado,
el término final de un mal empleo.

Yo bien quisiera, cuando llego a verte,
viendo mi infame amor poder negarlo;   10
mas luego la razón justa me advierte
  que solo me remedia en publicarlo;
porque del gran delito de quererte
solo es bastante pena confesarlo.

XIII. Un celoso refiere el común pesar, que todos padecen, y advierte a la causa el fin que puede tener la lucha de afectos encontrados

Yo no dudo, Lisarda, que te quiero,
aunque sé que me tienes agraviado;
mas estoy tan amante y tan airado,
que afectos que distingo no prefiero:

De ver que odio y amor te tengo, infiero   5
que ninguno estar puede en sumo grado,
pues no le puede el odio haber ganado
sin haberle perdido amor primero.
Y si piensas que el alma que te quiso
ha de estar siempre a tu afición ligada,   10
de tu satisfacción vana te aviso.

Pues si el amor al odio ha dado entrada,
el que bajó de sumo a ser remiso
de lo remiso pasará a ser nada.

XIV. Que consuela un celoso epilogando la serie de los amores

Amor empieza por desasosiego,
solicitud, ardores y desvelos;
crece con riesgos, lances y recelos;
susténtase de llantos y de ruego.

Doctrínanle tibiezas y despego,
conserva el ser entre engañosos velos,
hasta que con agravios o con celos
apaga con sus lágrimas su fuego.   5

Su principio, su medio y fin es éste:
¿pues por qué, Alcino, sientes el desvío
de Celia, que otro tiempo bien te quiso?

¿Qué razón hay de que dolor te cueste?
Pues no te engaño amor, Alcino mío,   10
sino que llegó el término preciso.

XV. De una reflexión cuerda con que mitiga el dolor de una pasión

Con el dolor de la mortal herida,
de un agravio de amor me lamentaba,
y por ver si la muerte se llegaba
procuraba que fuese más crecida.

Toda en su mal el alma divertida,   5
pena por pena su dolor sumaba,
y en cada circunstancia ponderaba
que sobraban mil muertes a una vida.

Y cuando, al golpe de uno y otro tiro
rendido el corazón, daba penoso   10
señas de dar el último suspiro.

no sé por qué destino prodigioso
volví a mi acuerdo y dije: ¿qué me admiro?
¿Quién en amor ha sido más dichoso?

XVI. Solo con aguda ingeniosidad esfuerza el dictamen de que sea la ausencia mayor mal que los celos

El ausente, el celoso, se provoca,
aquél con sentimiento, éste con ira;
presume éste la ofensa que no mira
y siente aquél la realidad que toca:

Éste templa tal vez su furia loca   5
cuando el discurso en su favor delira;
y sin intermisión aquél suspira,
pues nada a su dolor la fuerza apoca.

Éste aflige dudoso su paciencia
y aquél padece ciertos sus desvelos;   10
éste al dolor opone resistencia;

aquél, sin ella, sufre desconsuelos:
y si es pena de daño, al fin, la ausencia,
luego es mayor tormento que los celos.

XVII. Resuelve la cuestión de cuál sea pesar más molesto en encontradas correspondencias: amar o aborrecer

Que no me quiera Fabio al verse amado
es dolor sin igual, en mi sentido;
mas que me quiera Silvio aborrecido
es menor mal, mas no menor enfado.

¿Qué sufrimiento no estará cansado,   5
si siempre le resuenan al oído,
tras la vana arrogancia de un querido,
el cansado gemir de un desdeñado?

Si de Silvio me cansa el rendimiento,
a Fabio canso con estar rendida: 10
si de éste busco el agradecimiento,

a mí me busca el otro agradecida:
por activa y pasiva es mi tormento,
pues padezco en querer y ser querida.

XVIII. Prosigue el mismo asunto y determina que prevalezca la razón contra el gusto

Al que ingrato me deja, busco amante;
al que amante me sigue, dejo ingrata;
constante adoro a quien mi amor maltrata;
maltrato a quien mi amor busca constante.

Al que trato de amor hallo diamante;   5
y soy diamante al que de amor me trata;
triunfante quiero ver al que me mata
y mato a quien me quiere ver triunfante.

Si a éste pago, padece mi deseo:
si ruego aquél, mi pundonor enojo: 10
de entrambos modos infeliz me veo.

Pero yo por mejor partido escojo
de quien no quiero, ser violento empleo,
que de quien no me quiere, vil despojo.

XIX. Continúa el asunto y aun le expresa con más viva elegancia

Feliciano me adora y le aborrezco;
Lisardo me aborrece y yo le adoro;
por quien no me apetece ingrato, lloro,
y al que me llora tierno, no apetezco:

a quien más me desdora, el alma ofrezco;   5
a quien me ofrece víctimas, desdoro;
desprecio al que enriquece mi decoro
y al que le hace desprecios enriquezco;

si con mi ofensa al uno reconvengo,
me reconviene el otro a mí ofendido   10
y al padecer de todos modos vengo;

pues ambos atormentan mi sentido:
aquéste con pedir lo que no tengo
y aquél con no tener lo que le pido.

XX. Enseña cómo un solo empleo en amar es razón y conveniencia

Fabio, en el ser de todos adoradas
son todas las beldades ambiciosas,
porque tienen las aras por ociosas
si no las ven de víctimas colmadas.

Y así, sí de uno solo son amadas,   5
viven de la fortuna querellosas;
porque piensan que más que ser hermosas
constituyen deidad al ser rogadas.

Mas yo soy en aquesto tan medida,
que en viendo a muchos mi atención zozobra   10
y solo quiero ser correspondido.

de aquel que de mi amor réditos cobra;
porque es la sal del gusto al ser querido:
que daña lo que falta y lo que sobra.

XXI. Alaba con especial acierto el de un músico primoroso

Dulce deidad del viento armoniosa,
suspensión del sentido deseada,
donde gustosamente aprisionada
se mira la atención más bulliciosa;

perdona a mi zampoña licenciosa   5
si al escuchar tu lira delicada
canta con ruda voz desentonada
prodigios de la tuya milagrosa.

Pause su lira el Tracio, que aunque calma
puso a las negras sombras del olvido,   10
cederte debe más gloriosa palma,

pues más que a ciencia el arte has reducido
haciendo suspensión de toda un alma
el que solo era objeto de un sentido.

XXII. Contrapone el amor al fuego material y quiere achacar remisiones a éste, con ocasión de contar el suceso de Porcia

¿Qué pasión, Porcia, qué dolor tan ciego
te obliga a ser de ti fiera homicida?
¿O en qué te ofende tu inocente vida
que así le das batalla a sangre y fuego?

Si la fortuna airada al justo ruego   5
de tu esposo se muestra endurecida,

bástale el mal de ver su acción perdida;
no acabes, con tu vida, su sosiego.

Deja las brasas, Porcia, que mortales
impaciente tu amor elegir quiere;   10
no al fuego de tu amor el fuego iguales;

porque si bien de tu pasión se infiere,
mal morirá a las brasas materiales
quien a las llamas del amor no muere.

XXIII. Engrandece el hecho de Lucrecia

¡Oh, famosa Lucrecia, gentil dama,
de cuyo ensangrentado noble pecho
salió la sangre que extinguió a despecho
del rey injusto la lasciva llama!

¡Oh, con cuánta razón el mundo aclama   5
tu virtud, pues por premio de tal hecho
aún es para tus sienes cerco estrecho
la amplísima corona de tu fama!

Pero si el modo de tu fin violento
puedes borrar del tiempo y sus anales,   10
quita la punta del puñal sangriento

con que pusiste fin a tantos males;
que es mengua de tu honrado sentimiento
decir que te ayudaste de puñales.

XXIV. Nueva alabanza del mismo hecho

Intenta de Tarquino el artificio
a tu pecho, Lucrecia, dar batalla;
ya amante llora, ya modesto calla;
ya ofrece toda el alma en sacrificio.

Y cuando piensa ya que más propicio   5
tu pecho a tanto imperio se avasalla,
el premio, como Sísifo, que halla,
es empezar de nuevo el ejercicio.

Arde furioso y la amorosa tema
crece en la resistencia de tu honda,   10
con tanta privación más obstinada.

¡Oh providencia de deidad suprema:
tu honestidad motiva tu deshonra
y tu deshonra te eterniza honrada!

XXV. Refiere con ajuste la tragedia de Píramo y Tisbe

De un funesto moral la negra sombra,
de horrores mil, y confusiones llena,
en cuyo hueco tronco aún hoy resuena
el eco que doliente a Tisbe nombra,

cubrió la verde matizada alfombra   5
en que Píramo amante abrió la vena
del corazón, y Tisbe de su pena
dio la señal que aún hoy al mundo asombra.

Mas viendo del amor tanto despecho,
la muerte, entonces de ellos lastimada,   10
sus dos pechos juntó con lazo estrecho:

mas iay de la infeliz y desdichada
que a su Píramo dar no puede el pecho
ni aun por los duros filos de una espada!

XXVI. Convaleciente de una enfermedad grave, discreta con la señora virreina, marquesa de Mancera, atribuyendo a su mucho amor aún su mejoría en morir

En la vida que siempre tuya fue,
Laura divina, y siempre lo será,

la Parca fiera, que en seguirme da,
quiso asentar por triunfo el mortal pie.

Yo de su atrevimiento me admiré,   5
que si debajo de su imperio está,
tener poder no puede en ella ya,
pues del suyo contigo me libré.

Para cortar el hilo que no hiló,
la tijera mortal abierta vi.   10
-¡Ay, parca fiera! -dije entonces yo-.

Mira que sola Laura manda aquí.
Ella corrida al punto se apartó.
Y dejome vivir solo por ti.

XXVII. En la muerte de la excelentísima señora marquesa de Mancera (1674)

De la beldad de Laura enamorados
los cielos, la robaron a su altura,
porque no era decente a su luz pura
ilustrar estos valles desdichados.

O porque los mortales, engañados   5
de su cuerpo en la hermosa arquitectura,
admirados de ver tanta hermosura
no se juzgasen bienaventurados.

Nació donde el Oriente el rojo velo
corre al nacer al astro rubicundo   10
y murió donde con ardiente anhelo

da sepultura a su luz el mar profundo:
que fue preciso a su divino vuelo
que diese como el Sol la vuelta al mundo.

XXVIII. A lo mismo

Bello compuesto en Laura dividido,
alma inmortal, espíritu glorioso,
¿por qué dejaste cuerpo tan hermoso?
¿Y para qué tal alma has despedido?

Pero ya ha penetrado en mi sentido   5
que sufres el divorcio riguroso
porque el día final puedas gozoso
volver a ser enteramente unido.

Alza tú, alma dichosa, el presto vuelo,
y de tu hermosa cárcel desatada,   10
dejando vuelto su arrebol en hielo,

sube a ser de luceros coronada:
que bien es necesario todo el cielo
porque no eches de menos tu morada.

XXIX. A la esperanza, escrito en uno de sus retratos

Verde embeleso de la vida humana,
loca esperanza, frenesí dorado,
sueño de los despiertos intrincado,
como de sueños, de tesoros vana;

alma del mundo, senectud lozana,　　　　　5
decrépito verdor imaginado,
el hoy de los dichosos esperado
y de los desdichados el mañana:

sigan tu sombra en busca de tu día
los que, con verdes vidrios por anteojos,　　10
todo lo ven pintado a su deseo:

que yo, más cuerda en la fortuna mía,
tengo en entrambas manos ambos ojos
y solamente lo que toco veo.

XXX. Atribuido a la poetisa

Cítara de carmín que amaneciste
trinando endechas a tu amada esposa
y, paciéndole el ámbar a la rosa,
el pico de oro, de coral teñiste;

dulce jilguero, pajarito triste,   5
que apenas el aurora viste hermosa
cuando el tono primero de una glosa
la muerte hallaste y el compás perdiste:

no hay en la vida, no, segura suerte;
tu misma voz al cazador convida   10
para que el golpe cuando tire acierte.

¡Oh fortuna buscada aunque temida!
¿Quién pensara que cómplice en tu muerte
fuera, por no callar, tu propia vida?

Redondillas

I. Que responde a un caballero que dijo ponerse hermosa la mujer con querer bien

Silvio, tu opinión va errada,
que en lo común, si se apura,
no admiten por hermosura
hermosura enamorada.

Pues si bien de la extrañeza   5
el atractivo más grato
es el agrio de lo ingrato
la sazón de la belleza.

Porque gozando excepciones
de perfección más que humana,   10
la acredita soberana
lo libre de las pasiones.

Que no se conserva bien
ni tiene seguridad
la rosa de la beldad   15
sin la espina del desdén.

Mas si el amor hace hermosas,
pudiera excusar ufana
con merecer la manzana
la contienda de las diosas.   20

Belleza llego a tener
de mano ten generosa,
que dices que seré hermosa
solamente con querer.

Y así en lid contenciosa   25

fuera siempre la triunfante;
que, pues nadie es tan amante,
luego nadie tan hermosa.

Mas si de amor el primor
la belleza me asegura,   30
te deberé la hermosura,
pues me causas el amor.

Del amor tuyo confío
la beldad que me atribuyo
porque siendo obsequio tuyo   35
resulta en provecho mío.

Pero a todo satisfago
con ofrecerte de nuevo
la hermosura que te debo
y el amor con que te pago.   40

II. En que describe racionalmente los efectos irracionales del Amor

Este amoroso tormento
que en mi corazón se ve,
sé que lo siento, y no sé
la causa por que lo siento.

Siento una grave agonía   5
por lograr un devaneo
que empieza como deseo
y para en melancolía.

Y cuando con más terneza
mi infeliz estado lloro,   10
sé que estoy triste e ignoro
la causa de mi tristeza.

Siento un anhelo tirano
por la ocasión a que aspiro
y cuando cerca la miro   15
yo misma aparto la mano.

Porque si acaso se ofrece
después de tanto desvelo,
la desazona el recelo
o el susto la desvanece.   20

Y si alguna vez sin susto
consigo tal posesión,
cualquiera leve ocasión
me malogra todo el gusto.

Siento mal del mismo bien   25

con receloso temor,
y me obliga el mismo amor
tal vez a mostrar desdén.

Cualquier leve ocasión labra
en mi pecho de manera   30
que el que imposibles venciera
se irrita de una palabra.

Con poca causa ofendida
suelo en mitad de mi amor
negar un leve favor   35
a quien le diera la vida.

Ya sufrida, ya irritada,
con contrarias penas lucho,
que por él sufriré mucho
y con él sufriré nada.   40

No sé en qué lógica cabe
el que tal cuestión se pruebe,
que por él lo grave es leve
y con él lo leve es grave.

Sin bastantes fundamentos   45
forman mis tristes cuidados,
de conceptos engañados,
un monte de sentimientos.

Y en aquel fiero conjunto
hallo, cuando se derriba,   50
que aquella máquina altiva
solo estribaba en un punto.

Tal vez el dolor me engaña,
y presumo sin razón
que no habrá satisfacción   55
que pueda templar mi saña.

Y cuando a averiguar llego
el agravio por que riño,
es como espanto de niño
que para en burlas y juego.   60

Y aunque el desengaño toco,
con la misma pena lucho
de ver que padezco mucho
padeciendo por tan poco.

A vengarse se abalanza   65
tal vez el alma ofendida
y después arrepentida
toma de mí otra venganza.

Y si al desdén satisfago
es con tan ambiguo error   70
que yo pienso que es rigor
y se remata en halago.

Hasta el labio desatento
suele equívoco tal vez,
por usar de la altivez,   75
encontrar el rendimiento.

Cuando por soñada culpa
con más enojo me incito,
yo le acrimino el delito
y le busco la disculpa.   80

No huyo el mal ni busco el bien,
porque en mi confuso error
ni me asegura el amor
ni me despecha el desdén.

En mi ciego devaneo,   85
bien hallada con mi engaño,
solicito el desengaño
y no encontrarlo deseo.

Si alguno mis quejas oye,
más a decirlas me obliga,   90
porque me las contradiga,
que no porque las apoye.

Porque si con la pasión
algo contra mi amor digo,
es mi mayor enemigo   95
quien me concede razón.

Y si acaso en mi provecho
hallo la razón propicia,
me embaraza la injusticia
y ando cediendo el derecho.   100

Nunca hallo gusto cumplido,
porque entre alivio y dolor
hallo culpa en el amor
y disculpa en el olvido.

Esto de mi pena dura   105
es algo del dolor fiero
y mucho más no refiero

porque pasa de locura.

Si acaso me contradigo
en este confuso error, 110
aquel que tuviese amor
entenderá lo que digo.

III. Arguye de inconsecuencia el gusto y la censura de los hombres, que en las mujeres acusan lo que acusan

Hombres necios que acusáis
a la mujer sin razón,
sin ver que sois la ocasión
de lo mismo que culpáis.

Si con ansia sin igual   5
solicitáis su desdén,
¿por qué queréis que obren bien
si las incitáis al mal?

Combatís su resistencia
y luego con gravedad   10
decís que fue liviandad
lo que hizo la diligencia.

Parecer quiere el denuedo
de vuestro parecer loco
al niño que pone el coco   15
y luego le tiene miedo.

Queréis con presunción necia
hallar a la que buscáis,
para pretendida, Tais,
y en la posesión, Lucrecia.   20

¿Qué humor puede ser más raro
que el que, falto de consejo,
él mismo empaña el espejo
y siente que no esté claro?

Con el favor y el desdén   25

tenéis condición igual,
quejándoos, si os tratan mal,
burlándoos, si os quieren bien.

Opinión ninguna gana,
pues la que más se recata,   30
si no os admite, es ingrata,
y si os admite, es liviana.

Siempre tan necios andáis
que con desigual nivel
a una culpáis por cruel   35
y a otra por fácil culpáis.

¿Pues cómo ha de estar templada
la que vuestro amor pretende,
si la que es ingrata ofende
y la que es fácil enfada?   40

Mas entre el enfado y pena
que vuestro gusto refiere,
bien haya la que no os quiere
y queja enhorabuena.

Dan vuestras amantes penas   45
a sus libertades alas
y después de hacerlas malas
las queréis hallar muy buenas.

¿Cuál mayor culpa ha tenido
en una pasión errada: 50
la que cae de rogada
o el que ruega de caído?

¿O cuál es más de culpar,
aunque cualquiera mal haga:
la que peca por la paga   55
o el que paga por pecar?

¿Pues para qué os espantáis
de la culpa que tenéis?
Queredlas cual las hacéis
o hacedlas cual las buscáis.   60

Dejad de solicitar
y después con más razón
acusaréis la afición
de la que os fuere a rogar.

Bien con muchas armas fundo   65
que lidia vuestra arrogancia,
pues en promesa e instancia
juntáis diablo, carne y mundo.

IV. Enseña modo con que la Hermosura, solicitada de amor importuno, pueda quedarse fuera de él, con entereza tan cortés que haga bienquisto hasta el mismo desaire

Dos dudas en que escoger
tengo y no sé a cuál prefiera,
pues vos sentís que no quiera
y yo sintiera querer.

Con que si a cualquier lado   5
quiero inclinarme, es forzoso,

quedando el uno gustoso,
que otro quede disgustado.

Si daros gusto me ordena
la obligación, es injusto   10
que por daros a vos gusto
haya yo de tener pena.

Y no juzgo que habrá quien
apruebe sentencia tal
como que me trate mal   15
por trataros a vos bien.

Mas por otra parte siento
que es también mucho rigor
que lo que os debo en amor
pague en aborrecimiento.   20

Y aun irracional parece
este rigor, pues se infiere,
si aborrezco a quien me quiere,
¿qué haré con quien aborrezco?

No sé cómo despacharos,　　　　　　　25
pues hallo al determinarme
que amaros es disgustarme
y no amaros disgustaros.

Pero dar un medio justo
en estas dudas pretendo,　　　　　　30
pues no queriendo os ofendo
y queriéndoos me disgusto.

Y sea ésta la sentencia,
porque no os podáis quejar:
que entre aborrecer y amar　　　　　35
se parta la diferencia.

De modo que entre el rigor
y el llegar a querer bien
ni vos encontréis desdén
ni yo pueda hallar amor.　　　　　　40

Esto el discurso aconseja,
pues con esta conveniencia
ni yo quedo con violencia
ni vos partís con queja.

Y que estaremos infiero　　　　　　45
gustosos con lo que ofrezco,
vos, de ver que no aborrezco,
yo, de saber que no quiero.

Solo este medio es bastante
a ajustarnos, si os contenta:　　　50
que vos me logréis atenta

sin que yo pase a lo amante.

Y así quedo, en mi entender,
esta vez bien con los dos:
con agradecer, con vos;   55
conmigo, con no querer.

Que aunque a nadie llegue a darse
en esto gusto cumplido
ver que es igual el partido
servirá de resignarse.   60

Romances

I. Romance que resuelve con ingenuidad sobre problemas entre las instancias de la obligación y el afecto

Supuesto, discurso mío
que gozáis en todo el orbe,
entre aplausos de entendido,
de agudo veneraciones,

mostradlo en el duro empeño   5
en que mis ansias os ponen,
dando salida a mis dudas,
dando aliento a mis temores.

Empeño vuestro es el mío;
mirad que será desorden   10
ser en causa ajena agudo
y en la vuestra propia torpe.

Ved que es querer las causas,
con efectos desconformes,
nieves el fuego congele,   15
que la nieve llamas brote.

Manda la razón de estado
que, atendiendo a obligaciones,
las partes de Fabio olvide,
las prendas de Silvio adore.   20

O que al menos, si no puedo
vencer tan fuertes pasiones,
cenizas de disimulo
cubran amantes ardores.

¡Qué vano disfraz la juzgo!   25

Pues harán, cuando más obren,
que no se mire la llama
no que el ardor no se note.

   ¿Cómo podré yo mostrarme,
entre estas contradicciones,   30
a quien no quiero, de cera,
a quien adoro, de bronce?

   ¿Cómo el corazón podrá,
cómo sabrá el labio torpe
fingir halago, olvidando,   35
mentir, amando, rigores?

   ¿Cómo sufrir abatido,
entre tan bajas ficciones,
que lo desmienta la boca
podrá un corazón tan noble?   40

   ¿Y cómo podrá la boca
cuando el corazón se enoje,
fingir cariños, faltando
quien le ministre razones?

   ¿Podrá mi noble altivez   45
consentir que mis acciones
de nieve y de fuego sirvan
de ser fábula del orbe?

   Y yo doy, que tanta dicha
tenga, que todos los ignoren: 50
para pasar la vergüenza
¿no basta que a mí me conste?

Que aquesto es razón me dicen
los que la razón conocen:
¿pues cómo la razón puede   55
forjarse de sinrazones?

¿Qué te costaba, hado impío,
dar al repartir tus dones
o los méritos de Fabio
o a Silvio las perfecciones?   60

Dicha y desdicha de entrambos
la suerte les descompone,
con que el uno su desdicha
y el otro su dicha ignore.

¿Quién ha visto que tan varia   65
la fortuna se equivoque
y que el dichoso padezca
porque el infelice goce?

No me convence el ejemplo
que en el Mongibelo ponen,   70
que en él es natural gala
y en mi violencia disforme.

Y resistir el combate
de tan encontrados golpes
no cabe en lo sensitivo   75
y puede sufrirlo un monte.

¡Oh vil arte cuyas reglas
tanto a la razón se oponen,
que para que se ejecuten
es menester que se ignoren!   80

¿Qué hace en adorarme Silvio?
¿Cuando más fino blasone,
quererme es más que seguir
de su inclinación el norte?

Gustoso vive en su empleo   85
sin que disgustos le estorben:
¿pues qué vence, si no vence
por mí en sus inclinaciones?

¿Qué víctimas sacrifica,
qué incienso en mis aras pone,   90
si cambia sus rendimientos
al precio de mis favores?

Más hago yo; pues no hay duda
que hace finezas mayores
que el que voluntario ruega,   95
quien violenta corresponde.

Porque aquél sigue obediente
de su estrella el curso dócil,
y éste contra la corriente
de su destino se opone.   100

Él es libre para amarme,
aunque otra su amor provoque.
¿Y no tendré yo la misma
libertad en mis acciones?

Si él restituir no puede,   105
su incendio mi incendio abone:
violencia que a él le sujeta,

¿qué mucho que a mí me postre?

    ¿No es rigor, no es tiranía,
siendo iguales las pasiones,   110
no poder él reportarse
y querer que me reporte?

    Quererle porque él me quiere
no es justo que amor se nombre:
que no ama quien para amar   115
el ser amado supone.

    No es amor correspondencia:
causas tiene superiores,
que las concilian los astros
o la engendran perfecciones.   120

    Quien ama porque es querida,
sin otro impulso más noble,
desprecia el amante y ama
sus propias adoraciones.

    Del humo del sacrificio   125
quiere los vanos honores,
sin mirar si al oferente
hay méritos que le adornen.

    Ser potencia y ser objeto
a toda razón se opone;   130
porque era ejercer en sí
sus propias operaciones.

    A parte rei se distinguen
el objeto que conoce;

y lo amable, no lo amante,   135
es blanco de sus arpones.

    Amor no busca la paga
de voluntades conformes;
que tan bajo interés fuera
indigna usura en los dioses.   140

    No hay cualidad que en él pueda
imprimir alteraciones
del velo de los desdenes,
del fuego de los favores.

    Su ser es inaccesible   145
al discurso de los hombres;
que aunque el efecto se sienta,
la esencia no se conoce.

    Y en fin, cuando en mi favor
no hubiere tantas razones,   150
mi voluntad es de Fabio:
Silvio y el mundo perdonen.

II. Acusa la hidropesía de mucha ciencia, que teme inútil, aun para saber, y nociva para vivir

Finjamos que soy feliz,
triste pensamiento, un rato;
quizá podréis persuadirme,
aunque yo sé lo contrario.

Que pues solo en la aprehensión   5
dicen que estriban los daños,
si os imagináis dichoso
no seréis tan desdichado.

Sírvame el entendimiento
alguna vez de descanso   10
y no siempre esté el ingenio
con el provecho encontrado.

Todo el mundo es opiniones,
de pareceres tan varios,
que lo que el uno, que es negro,   15
el otro prueba que es blanco.

A uno sirve de atractivo
lo que otro concibe enfado,
y lo que éste por alivio
aquél tiene por trabajo.   20

El que está triste censura
al alegre de liviano
y el que está alegre se burla
de ver al triste penando.

Los dos filósofos griegos   25

bien esta verdad probaron;
pues lo que en el uno risa,
causaba en el otro llanto.

Célebre su oposición
ha sido por siglos tantos,   30
sin que cuál acertó esté
hasta ahora averiguado.

Antes, en sus dos banderas
el mundo todo alistado,
conforme el humor le dicta   35
sigue cada cual el bando.

Uno dice que de risa
solo es digno el mundo vario,
y otro que sus infortunios
son solo para llorados.   40

Para todo se halla prueba
y razón en que fundarlo;
y no hay razón para nada,
de haber razón para tanto.

Todos son iguales jueces,   45
y siendo iguales y varios,
no hay quien pueda decidir
cuál es lo más acertado.

Pues si no hay quien lo sentencie
¿por qué pensáis vos, errado,   50
que os sometió Dios a vos
la decisión de los casos?

¿O por qué, contra vos mismo
severamente inhumano,
entre lo amargo y lo dulce   55
queréis elegir lo amargo?

Si es mío mi entendimiento
¿por qué siempre he de encontrarlo
tan torpe para el alivio,
tan agudo para el daño?   60

El discurso es un acero
que sirve por ambos cabos:
de dar muerte, por la punta;
por el pomo, de resguardo.

Si vos, sabiendo el peligro,   65
queréis por la punta usarlo,
¿qué culpa tiene el acero
del mal uso de la mano?

No es saber, saber hacer
discursos sutiles vanos;   70
que el saber consiste solo
en elegir lo más sano.

Especular las desdichas
y examinar los presagios
solo sirve de que el mal   75
crezca con anticiparlo.

En los trabajos futuros
la atención sutilizando
más formidable que el riesgo
suele fingir el amago.   80

¡Qué feliz es la ignorancia
del que indoctamente sabio
halla, de lo que padece,
en lo que ignora, sagrado!

No siempre suben seguros   85
vuelos del ingenio osados,
que buscan trono en el fuego
y hallan sepulcro en el llanto.

También es vicio el saber,
que si no se va atajando,   90
cuanto menos se conoce
es más nocivo el estrago.

Y si el vuelo no le abaten,
es sutilezas cebado,
por cuidar de lo curioso   95
olvida lo necesario.

Si culta mano no impide
crecer al árbol copado,
quitan la sustancia al fruto
la locura de los ramos.   100

Si andar a nave ligera
no estorba lastre pesado,
sirve el vuelo de que sea
el precipicio más alto.

En amenidad inútil   105
¿qué importa al florido campo,
si no halla fruto el otoño

que ostente flores el mayo?

   ¿De qué le sirve al ingenio
el producir muchos partos   110
si a la multitud se sigue
el malogro de abortarlos?

   Ya esta desdicha por fuerza
ha de seguirse el fracaso
de quedar el que produce,   115
si no muerto, lastimado.

   El ingenio es como el fuego,
que, con la materia ingrato,
tanto la consume más
cuando él se ostenta más claro.   120

   Es de su propio señor
tan rebelado vasallo,
que convierte en sus ofensas
las armas de su resguardo.

   Este pésimo ejercicio,   125
este duro afán pesado,
a los hijos de los hombres
dio Dios para ejercitarlos.

   ¿Qué loca ambición nos lleva,
de nosotros olvidados?   130
Si es que vivir tan poco,
¿de qué sirve saber tanto?

   ¡Oh, si como hay de saber
hubiera algún seminario

o escuela donde a ignorar   135
se enseñaran los trabajos!

 ¡Qué felizmente viviera
el que flojamente cauto
burlara las amenazas
del influjo de los astros!   140

 Aprendamos a ignorar,
pensamiento, pues hallamos
que cuanto añado al discurso
tanto le usurpo a los años.

III. Discurre, con ingenuidad ingeniosa, sobre la pasión de los celos. Muestra que su desorden es senda única para hallar al amor y contradice un problema de don José Montoro, uno de los más célebres poetas de este siglo

Si es causa amor productivo
de diversidad de afectos,
que, con producirlos todos,
se perficiona a sí mesmo:

y si el uno de los más   5
naturales son los celos,
¿cómo sin tenerlos puede
el amor estar perfecto?

Son ellos de que hay amor
el signo más manifiesto: 10
como la humedad del agua
y como el humo del fuego.

No son (que dicen) de amor
bastardos hijos groseros;
sino legítimos, claros   15
sucesores de su imperio.

Son crédito y prueba suya,
pues solo pueden dar ellos
auténticos testimonios
de que es amor verdadero.   20

Porque la fineza, que es
de ordinario el tesorero
a quien remite las pagas
amor de sus libramientos,

¿cuántas veces, motivada 25
de otros impulsos diversos,
ejecuta por de amor
decretos de galanteo?

El cariño ¿cuántas veces,
por dulce entretenimiento, 30
fingiendo quilates, crece
la mitad del justo precio?

¿Y cuántas más el discurso,
por ostentarse discreto,
acredita por de amor 35
partos del entendimiento?

¿Cuántas veces hemos visto
disfrazada en rendimientos
a la propia conveniencia,
a la tema o al empeño? 40

Solo los celos ignoran
fábricas de fingimientos,
que, como son locos, tienen
propiedad de verdaderos.

Los gritos que ellos dan son, 45
sin dictamen de su dueño,
no ilaciones del discurso,
sino abortos del tormento.

Como de razón carecen,
carecen del instrumento 50
de fingir, que aquesto solo

es en lo irracional bueno.

Desbocados ejercitan
contra sí el furor violento,
y no hay quien quiera en su daño   55
mentir, sino en su provecho.

Del frenético, que fuera
de su natural acuerdo
de despedaza, no hay quien
juzgue que finge el extremo.   60

En prueba de esta verdad,
mírense cuántos ejemplos
en bibliotecas de siglos
guarda el archivo del tiempo.

A Dido fingió el troyano,   65
mintió a Adriadna Teseo,
ofendió a Minos Pasife
y engañaba a Marte Venus.

Semíramis mató a Nino,
Elena deshonró al griego,   70
Jasón agravió a Medea
y dejó a Olimpia Vireno.

Betsabé engañaba a Urías,
Dalila al caudillo hebreo,
Jael a Sísara horrible,   75
Judit a Holofernes fiero.

Éstos y otros, que mostraban
tener amor, sin tenerlo,

todos fingieron amor,
mas ninguno fingió celos.   80

    Porque aquél puede fingirse
con otro color, mas éstos
son la prueba del amor
y la prueba de sí mesmos.

    Si ellos no tienen más padres   85
que el amor, luego son ellos
sus más naturales hijos
y más legítimos dueños.

    Las demás demostraciones,
por más que finas las vemos,   90
pueden no mirar a amor
sino a otros varios respectos.

    Ellos solos se van con él,
como la causa y efecto:
¿hay celos?, luego hay amor;   95
¿hay amor?, luego habrá celos.

    De la fiebre ardiente suya
son el delirio más cierto;
que, como están sin sentido,
publican lo más secreto.   100

    El que no los siente, amando,
del indicio más pequeño,
en tranquilidad de tibio
goza bonanzas de necio.

    Que asegurarse en las dichas   105

solamente puede hacerlo
la villana confianza,
el propio merecimiento.

Bien sé que tal vez furiosos
suelen pasar desatentos,   110
a profanar de lo amado
osadamente el respeto.

Mas no es esto esencia suya,
sino un accidente anexo,
que tal vez los acompaña   115
y tal vez deja de hacerlo.

Mas doy que siempre: aún debiera
el más soberano objeto,
por la prueba de lo fino,
perdonarles lo grosero.   120

Mas no es, vuelvo a repetir,
preciso que el pensamiento
pase a ofender del decoro
los sagrados privilegios.

Para tener celos basta   125
solo el temor de tenerlos;
que ya está sintiendo el daño
quien está sintiendo el riesgo.

Temer yo que haya quien quiera
festejar a quien festejo,   130
aspirar a mi fortuna
y solicitar mi empleo,

no es ofender lo que adoro,
antes es un alto aprecio
de pensar que deben todos   135
adorar lo que yo quiero.

Y éste es un dolor preciso,
por más que divino el dueño
asegure en confianza
prerrogativas de exento.   140

Decir que éste no es cuidado
que llegue a desasosiego,
podrá decirlo la boca,
mas no comprobarlo el pecho.

Persuadirme a que es lisonja   145
amor lo que yo apetezco,
aprobarme la elección
y calificar mi empleo;

a quien tal tiene a lisonja
nunca le falte este obsequio: 150
que yo juzgo que aquí solo
son duros los lisonjeros.

Pues solo fuera, a poder
contenerse estos afectos
en la línea del aplauso   155
o en el coto del cortejo.

¿Pero quién con tal medida
les podrá tener el freno
que no rompan desbocados
el alacrán del consejo?   160

Y aunque ellos en sí no pasen
el término de lo cuerdo,
¿quién lo podrá persuadir
a quien los mira con miedo?

Aplaudir lo que yo estimo,   165
bien puede ser sin intento
segundo; mas ¿quién podrá
tener mis temores quedos?

Quien tiene enemigos, suele
decir que no tenga sueño;   170
pues ¿cómo ha de sosegarse
el que los tiene tan ciertos?

Quien en frontera enemiga
descuidado ocupa el lecho,
solo parece que quiere   175
ser del contrario trofeo.

Aunque inaccesible sea
el blanco: si los flecheros
son muchos, ¿quién asegura
que alguno no tenga acierto?   180

Quien se alienta a competirme
aun en menores empeños,
es un dogal que compone
mis ahogos de su aliento.

¿Pues qué será el que pretende   185
excederme los afectos,
mejorarme las finezas

y aventajar los deseos?

¿Quién quiere usurpar mis dichas?
¿Quién quiere ganarme el premio?   190
¿Y quién en galas del alma
quiere dejar más bien puesto?

¿Quién para su exaltación
procura mi abatimiento
y quiere comprar su gloria   195
a costa de mis desprecios?

¿Quién pretende, con los suyos,
deslucir mis sentimientos:
que en los desaires del alma
es el más sensible duelo?   200

Al que este dolor no llega
al más reservado seno
del alma, apueste insensibles
competencias con el hielo.

La confianza ha de ser   205
con proporcionado medio:
que deje de ser molestia
sin pasar a ser despego.

El que es discreto, a quien ama
le ha de mostrar que el recelo   210
lo tiene en la voluntad
y no en el entendimiento.

Un desconfiar de sí
y un estar siempre temiendo

que podrá exceder al mío   215
cualquiera mérito ajeno:

un temer que la fortuna
podrá con airado ceño
despojarme por indigno
del favor que no merezco: 220

no solo no ofende; antes
es el esmalte más bello
que a las joyas de lo fino
les puede dar lo discreto.

Y aunque algo exceda la queja,   225
nunca queda mal, supuesto,
que es gala de lo sentido
exceder de lo modesto.

Lo atrevido es un celoso,
lo irracional y lo terco,   230
prueba es de amor, que merece
la beca de su colegio.

Y aunque muestre que se ofende,
yo sé que por allá dentro
no le pesa a la más alta   235
de mirar tales extremos.

La más airada deidad
al celoso más grosero
le está aceptando servicios
los que riñe atrevimientos.   240

La que se queja oprimida

del natural más estrecho
hace ostentación de amada
el que parece lamento.

De la triunfante hermosura   245
tiran el carro soberbio
el desdichado con quejas
y el celoso con despechos.

Uno de sus sacrificios
es este dolor acerbo,   250
y ella, ambiciosa, no quiere
nunca tener uno menos.

¡Oh doctísimo Montoro,
asombro de nuestros tiempos,
injuria de los Virgilios,   255
afrenta de los Homeros!

Cuando de amor prescindiste
este inseparable afecto
(precisión que solo pudo
formarla tu entendimiento),   260

bien se ve que solo fue
la empresa de tus talentos
el probar lo más difícil,
no persuadir a creerlo.

Al modo de aquellos que   265
sutilmente defendieron
que de la nube los campos
se visten de color negro.

De tu sutileza fue
airoso, galán empeño,   270
sofística bizarría
de tu soberano ingenio.

Probar lo que no es probable
bien se ve que fue el intento
tuyo, porque lo evidente   275
probado se estaba ello.

Acudiste al partido
que hallaste más indefenso
y a la opinión desvalida
ayudaste caballero.   280

Éste fue tu fin; y así,
debajo de este supuesto,
no es ésta, ni puede ser,
réplica de tu argumento,

sino solo una obediencia   285
mandada de gusto ajeno,
cuya insinuación en mí
tiene fuerza de precepto.

Confieso que de mejor
gana siguiera mi genio   290
el extravagante rumbo
de tu no hallado sendero.

Pero, sobre ser difícil,
inaccesible lo has hecho,
pues el mayor imposible   295
fuera ir en tu seguimiento.

Rumbo que estrenan las alas
de tu remontado vuelo
(aun determinando al daño)
no lo intentara un despecho. 300

La opinión que yo quería
seguir, seguiste primero;
dísteme celos, y tuve
la contraria con tenerlos.

Con razón se reservó 305
tanto asunto a tanto ingenio;
que a fuerzas solo de Atlante
fía la esfera su peso.

Tenla, pues, que si consigues
persuadirla al universo, 310
colgará el género humano
sus cadenas en tu templo.

No habrá quejosos de amor,
y en sus dulces prisioneros
serán las cadenas oro 315
y no dorados los yerros.

Será la sospecha inútil,
estará ocioso el recelo,
desterrarase el indicio
y perderá el ser el miedo. 320

Todo será dicha, todo
felicidad y contento,
todo venturas, y en fin

pasará el mundo a ser cielo.

Deberanle los mortales   325
a tu valeroso esfuerzo
la más dulce libertad
del más duro cautiverio.

Mucho te deberán todos,
y yo más que todos debo   330
las discretas instrucciones
a las luces de tus versos.

Dalos a la estampa, porque
en caracteres eternos
viva tu nombre, y con él   335
se extienda el común provecho.

IV. Romance que en sentidos afectos produce el dolor de una ausencia

Ya que para despedirme,
dulce idolatrado dueño,
ni me da licencia el llanto
ni me da lugar el tiempo,

háblente los tristes rasgos,   5
entre lastimeros ecos,
de mi triste pluma, nunca
con más justa causa negros.

Y aún ésta te hablará torpe
con las lágrimas que vierto;   10
porque va borrando el agua
lo que va dictando el fuego.

Hablar me impiden mis ojos,
y es que se anticipan ellos
viendo lo que he de decirte,   15
a decírtelo primero.

Oye la elocuencia muda
que hay en mi dolor, sirviendo
los suspiros, de palabras,
las lágrimas, de conceptos.   20

Mira la fiera borrasca
que pasa en el mar del pecho,
donde zozobras turbados
mis confusos pensamientos.

Mira cómo ya el vivir   25

me sirve de afán grosero,
que se avergüenza la vida
de durarme tanto tiempo.

Mira la muerte, que esquiva
huye, porque la deseo;   30
que aun la muerte, si es buscada,
se quiere subir de precio.

Mira cómo el cuerpo amante,
rendido a tanto tormento,
siendo en lo demás cadáver,   35
solo en el sentir es cuerpo.

Mira cómo el alma misma
aún teme, en su ser exento,
que quiera el dolor violar
la inmunidad de lo eterno.   40

En lágrimas y suspiros,
alma y corazón a un tiempo,
aquél se convierte en agua
y ésta se resuelve en viento.

Ya no me sirve la vida,   45
esta vida que poseo,
sino de condición sola
necesaria al sentimiento.

¿Mas por qué gasto razones
en contar mi pena, y dejo   50
de decir lo que es preciso
por decir lo que estás viendo?

En fin, te vas: ¡ay de mí!,
dudosamente lo pienso;
pues si es verdad, no estoy viva, 55
y si viva, no lo creo.

¿Posible es que ha de haber día
tan infausto, tan funesto,
en que sin ver yo las tuyas
esparza sus luces Febo? 60

¿Posible es que ha de llegar
el rigor a tan severo
que no ha de darle tu vista
a mis pesares aliento?

¿Que no he de ver tu semblante? 65
¿Que no he de escuchar tus ecos?
¿Que no he de gozar tus brazos?
¿Ni me ha de animar tu aliento?

¡Ay, mi bien! ¡Ay, prenda mía!
¡Dulce fin de mis deseos! 70
¿Por qué me llevas el alma,
dejándome el sentimiento?

Mira que es contradicción
que no cabe en un sujeto
tanta muerte en una vida 75
tanto dolor en un muerto.

Mas ya que es preciso (¡ay triste!)
en mi infelice suceso
ni vivir con la esperanza
ni morir con el tormento, 80

dame algún consuelo tú
en el dolor que padezco,
y quien en el suyo muere
viva siquiera en tu pecho.

No te olvides que te adoro,   85
y sírvante de recuerdo
las finezas que me debes,
si no las prendas que tengo.

Acuérdate que mi amor,
haciendo gala del riesgo,   90
solo por atropellarlo
se alegraba de tenerlo.

Y si mi amor no es bastante,
el tuyo mismo te acuerdo,
que no es poco empeño haber   95
empezado ya en empeño.

Acuérdate, señor mío,
de tus nobles juramentos,
y lo que juró tu boca
no lo desmienten tus hechos.   100

Y perdona si en temer
mi agravio, mi bien, te ofendo,
que no es dolor el dolor
que se contiene en lo atento.

Y adiós, que con el ahogo   105
que me embarca los alientos
ni sé ya lo que te digo

ni lo que te escribo leo.

V. En que expresa los efectos del Amor Divino, y propone morir amante, a pesar de todo riesgo

Traigo conmigo un cuidado,
y tan esquivo, que creo
que aunque sé sentirlo tanto
aún yo mismo no lo siento.

Es amor, pero es amor   5
que, faltándole lo ciego,
los ojos que tiene son
para darle más tormento.

El término no es a quo,
que causa el pesar que veo   10
que siendo el término el bien
todo el dolor es el medio.

Si es lícito y aún debido
este cariño que tengo,
¿por qué me han de dar castigo   15
porque pago lo que debo?

¡Oh, cuánta fineza! ¡Oh, cuántos
cariños he visto tiernos!
Que amor que se tiene a Dios
es calidad sin opuestos.   20

De lo lícito no puede
hacer contrarios conceptos,
con que es amor que al olvido
no puede vivir expuesto.

Yo me acuerdo (¡ah, nunca fuera!)   25

que he querido en otro tiempo
lo que pasó de locura
y lo que excedió de extremo.

Mas como era amor bastardo
y de contrarios compuesto, 30
fue fácil desvanecerse,
de achaque de su ser mesmo.

Mas ahora (¡ay de mí!) está
tan en su natural centro
que la virtud y razón 35
son quien aviva su incendio.

Quien tal oyere dirá
que si es así ¿por qué peno?
Mas mi corazón ansioso
dirá que por eso mesmo. 40

¡Oh, humana flaqueza nuestra,
adonde el más puro afecto
aún no sabe desnudarse
del natural sentimiento!

Tan precisa es la apetencia 45
que a ser amados tenemos,
que aun sabiendo que no sirve
nunca dejarla sabemos.

Que corresponda a mi amor
nada añade; mas no puedo 50
(por más que lo solicito)
dejar yo de apetecerlo.

Si es delito, yo lo digo;
si es culpa, ya lo confieso;
mas no puedo arrepentirme   55
por más que hacerlo pretendo.

Bien ha visto quien penetra
lo interior de mis secretos
que yo misma estoy formando
los dolores que padezco.   60

Bien sabe que soy yo misma
verdugo de mis deseos,
pues muertos entre mis ansias
tienen sepulcro en mi pecho.

Muero (¿quién lo creerá?) a manos   65
de la cosa que más quiero,
y el motivo de matarme
es el amor que le tengo.

Así alimentando triste
la vida con el veneno,   70
la misma muerte que vivo
es la vida con que muero.

Pero valor, corazón,
porque en tal dulce tormento,
en medio de cualquier suerte   75
no dejar de amar protesto.

VI. Al mismo intento

Mientras la gracia me excita
por elevarme a la esfera,
mas me abate a lo profundo
el peso de mis miserias.

La virtud y la costumbre   5
en el corazón pelean
y el corazón agoniza
en tanto que lidian ellas.

Y aunque es la virtud tan fuerte
temo que tal vez la venzan,   10
que es muy grande la costumbre
y está la virtud muy tierna.

Oscurécese el discurso
entre confusas tinieblas;
pues ¿quién podrá darme luz,   15
si está la razón a ciegas?

De mí misma soy verdugo
y soy cárcel de mí mesma:
¿quién vio que pena y penante
una propia cosa sean?   20

Hago disgusto a lo mismo
que más agradar quisiera,
y el disgusto que doy
en mí resulta la pena.

Amo a Dios y siento en Dios,   25
y hace mi voluntad mesma

de lo que es alivio, cruz,
del mismo puerto, tormenta.

   Padezca, pues Dios lo manda;
mas de tal manera sea,   30
que si son penas las culpas
que no sean culpas las penas.

VII. A Cristo Sacramentado, día de comunión

Amante dulce del alma,
bien soberano a que aspiro,
tú que sabes las ofensas
castigar a beneficios;

divino imán en que adoro: 5
hoy que tan propicio os miro,
que me mimáis la osadía
de poder llamaros mío:

hoy que en unión amorosa
pareció a vuestro cariño   10
que si no estabais en mí
era poco estar conmigo;

hoy que para examinar
el afecto con que os sirvo
al corazón en persona   15
habéis entrado vos mismo,

pregunto: ¿es amor o celos
tan cuidadoso escrutinio?
Que quien lo registra todo
da de sospechar indicios.   20

Mas ¡ay, bárbara ignorante,
y qué de errores he dicho,
como si el estorbo humano
obstara al lince divino!

Para ver los corazones   25
no es menester asistirlos,

que para vos son patentes
las entrañas del abismo.

Con una intuición presente
tenéis en vuestro registro   30
el infinito pasado
hasta el presente finito.

Luego no necesitabais
para ver el pecho mío,
si lo estáis mirando sabio,   35
entrar a mirarlo fino.

Luego es amor, no celos,
lo que en vos miro.
Romance decasílabo

Pinta la proporción hermosa de la excelentísima señora condesa de Paredes, con otra de cuidados, elegantes esdrújulos, que aún le remite desde México a su excelencia

Lámina sirva el cielo al retrato,
Lísida, de su angélica forma;
cálamos forme el Sol de sus luces,
sílabas las estrellas componga.

Cárceles tu madeja fabrica, 5
dédalo que sutilmente forma
vínculos de dorados Ofires,
Tíbares de prisiones gustosas.

Hécate, no triforme, mas llena,
pródiga de candores asoma, 10
trémula no en tu frente se oculta,
fúlgida su esplendor desemboza.

Círculo dividido en dos arcos,
pérsica forman lid belicosa:
áspides que por flechas disparas, 15
víboras de halagüeña ponzoña.

Lámparas, tus dos ojos, febeas,
súbitos resplandores arrojan;
pólvora que a las almas que llega
tórridas abrasadas transforma. 20

Límite de una y otra luz pura,
último, tu nariz judiciosa,
árbitro es, entre dos, confinantes,
máquina que divide una y otra.

Cátedras del abril tus mejillas,   25
clásicas dan a mayo estudiosas
métodos a jazmines nevados,
fórmula rubicunda a las rosas.

Lágrimas del aurora congela,
búcaro de fragancia tu boca,   30
rúbrica con jazmines escrita,
cláusula de coral y de aljófar.

Cóncavo es, breve pira, en la barba,
pórfido en que las almas reposan;
túmulo les eriges de luces,   35
bóveda de luceros las honra.

Tránsito a los jardines de Venus,
órgano es de marfil, en canora
música tu garganta, que en dulces
éxtasis aun al viento aprisiona.   40

Pámpanos de cristal y de nieve,
cándidos tus dos brazos provocan,
Tántalos, los deseos ayunos,
míseros sienten frutas y ondas.

Dátiles de alabastro tus dedos,   45
fértiles de sus dos palmas brotan;
frígidos, si los ojos los miran;
cálidos, si las almas los tocan.

Bósforo de estrechez, tu cintura,
cíngulo ciñe breve por zona;   50
rígida (si de seda) clausura,
músculos nos oculta ambiciosa.

Cúmulo de primores tu talle,
dóricas esculturas asombra,
jónicos lineamientos desprecia,   55
émula su labor de sí propia.

Móviles pequeñeces tus plantas,
sólidos pavimentos ignoran;
mágicos, que a los vientos que pisan
tósigos de beldad inficionan.   60

Plátano, tu gentil estatura,
flámula es que a los aires tremola;
ágiles movimientos que esparcen
bálsamo de fragantes aromas.

Índices de tu rara hermosura,   65
rústicas estas líneas son cortas;
Cítara solamente de Apolo
méritos cante tuyos sonora.

Endechas

I. Que expresan cultos conceptos de afecto singular

Sabrás, querido Fabio,
si ignoras que te quiero,
que ignorar lo dichoso
es muy de lo discreto;

que apenas fuiste blanco   5
en que el rapaz arquero
del tiro indefectible
logró el mejor acierto,

cuando en mi pecho amante
brotaron el incendio   10
de recíprocas llamas
conformes ardimientos.

¿No has visto, Fabio mío,
cuando el señor de Delas
hiere con armas de oro   15
la Luna de un espejo,

que haciendo en el cristal
reflejo el rayo bello
hiere repercusivo
al más cercano objeto?   20

Pues así del amor
las flechas, que en mi pecho
tu resistente nieve
les dio mayor esfuerzo,

vueltas a mí las puntas,   25
dispuso amor soberbio,

solo con un impulso,
dos alcanzar trofeos.

Díganlo las ruinas
de mi valor deshecho   30
que en contritas cenizas
predican escarmientos.

Mi corazón lo diga,
que en padrones eternos
inextinguibles guarda   35
testimonios del fuego.

Segunda Troya, el alma,
de ardientes Mongibelos
es pavesa a la saña
de más astuto griego.   40

De las sangrientas viras
los enervados hierros
por las venas difunden
el amable veneno.

Las cercenadas voces,   45
que en balbucientes ecos,
si el amor las impele,
las retiene el respeto.

Las niñas de mis ojos,
que con mirar travieso   50
sinceramente parlan
del alma los secretos.

El turbado semblante

y el impedido aliento
en cuya muda calma   55
da voces el afecto.

   Aquel decirte más,
cuando me explico menos,
queriendo en negaciones
expresar los conceptos.   60

   Y en fin, dígaslo tú,
que de mis pensamientos,
lince sutil, penetras
los más ocultos senos.

   Si he dicho que te he visto,   65
mi amor está supuesto,
pues es correlativo
de tus merecimientos.

   Si a ellos atiendes, Fabio,
con indicios más ciertos   70
verás de mis finezas
evidentes contextos.

   Ellos a ti te basten,
que si prosigo, pienso
que con superfluas voces   75
su autoridad ofendo.

II. Que explican un ingenioso sentir de ausente y desdeñado

Me acerco y me retiro:
¿quién sino yo hallar puedo
a la ausencia en los ojos
la presencia en lo lejos?

Del desprecio de Filis   5
infelice me ausento:
¡ay de aquel de quien es
aún perdida el desprecio!

Tan atento la adora,
que en el mal que padezco   10
no siento sus rigores
tanto como el perderlos.

No pierdo al partir solo
los bienes que poseo,
si en Filis, que no es mía,   15
pierdo lo que no pierdo.

¡Ay de quien un desdén
lograba tan atento
que por no ser dolor
no se atrevió a ser premio!   20

Pues viendo en mi destino
preciso mi destierro,
me desdeñaba más
porque perdiera menos.

¡Ay! ¿Quién te enseñó, Filis,   25
tan primoroso medio:

vedar a los desdenes
el traje del afecto?

A vivir ignorado
de tus luces me ausento,   30
donde ni aun mi mal sirva
a tu desdén de obsequio.

III. Consuelos seguros en el desengaño

Ya, desengaño mío,
llegasteis al extremo
que pudo en vuestro ser
verificar el serlo.

Todo lo habéis perdido: 5
mas no todo, pues creo
que aun a costa es de todo
barato el escarmiento.

No envidiaréis de amor
los gustos lisonjeros   10
que está un escarmentado
muy remoto del riesgo.

El no esperar alguno
me sirve de consuelo,
que también es alivio   15
el no buscar remedio.

En la pérdida misma
los alivios encuentro,
pues si perdí el tesoro,
también se perdió el miedo   20

No tener qué perder
me sirve de sosiego,
que no teme ladrones
desnudo el pasajero.

Ni aun la libertad misma   25
tenerla por bien quiero,

que luego será daño
si por tal la poseo.

  No quiero más cuidados
de bienes tan inciertos,   30
sino tener el alma
como que no la tengo.

IV. Demostrando afectos de un favorecido que se ausenta

Divino dueño mío,
si al tiempo de apartarme
tiene mi amante pecho
alientos de quejarse,
oye mis penas, mira mis males,   5

aliéntese el dolor
si puede lamentarse
y a vista de perderse
mi corazón exhale
llanto a la tierra, quejas al aire,   10

apenas de tus ojos
quise al Sol elevarme
cuando mi precipicio
da en sentidas señales
venganza al fuego, nombre a los mares.   15

Apenas tus favores
quisieron coronarse,
dichoso más que todos,
felice como nadie,
cuando los gustos fueron pesares.   20

Sin duda el ser dichoso
es la culpa más grave,
pues mi fortuna adversa
dispone que la pague
con que a mis ojos tus luces falten.   25

¡Ay dura ley de ausencia!
¿Quién podrá derogarte,

si adonde yo no quiero
me llevas sin llevarme,
con alma muerta, vivo cadáver?   30

    Será de tus favores
solo el corazón cárcel,
por ser aún el silencio,
si quiero que los guarde,
custodio indigno, siglo frágil.   35

    Y puesto que me ausento,
por el último valle,
te prometo rendido
mi amor, y ser constante,
siempre quererte, nunca olvidarte.   40

V. Que prorrumpen en las voces de dolor al despedirse por una ausencia

Si acaso, Fabio mío,
después de penas tantas
quedan para las quejas
alientos en el alma;

si acaso en las cenizas   5
de mi muerte esperanza
se libró por pequeña
alguna débil rama,

adonde entretenerse,
con fuerza limitada,   10
el rato que me escuchas
pueda la vital aura;

si acaso a la tijera
mortal que me amenaza
concede breves treguas   15
la inexorable parca,

oye en tristes endechas
tiernas consonancias
que al moribundo cisne
sirven de exequias blandas.   20

Y antes que noche eterna
con letal llave opaca
de mis trémulo ojos
cierre las lumbres vagas,

dame el postrer abrazo,   25

cuyas tiernas lazadas,
siendo unión de los cuerpos,
identifican almas.

Oigo tus dulces ecos,
y en cadencias turbadas   30
no permite el ahogo
entera la palabra.

De tu rostro en el mío
haz amoroso estampa
y las mejillas frías   35
de ardiente llanto baña.

Tus lágrimas y mías
digan equivocadas
que aunque en distintos pechos
las engendró una causa.   40

Unidas de las manos
las bien tejidas palmas,
con movimientos digan
lo que los labios callan.

Dame, por prendas firmes   45
de tu fe no violada,
en tu pecho escrituras,
seguros en tu cara;

para que cuando baje
a las estigias aguas,   50
tuyo el óbolo sea
para fletar la barca.

Recibe de mis labios
el que, en mortales ansias,
el exánime pecho
último aliento exhala.

Y el espíritu ardiente,
que vivifica llama
de acto sirvió primero
a tierra organizada,

recibe, y de tu pecho
en la dulce morada
padrón eterno sea
de mi fineza rara.

Y adiós, Fabio querido,
que ya el aliento falta,
y de vivir se aleja
la que de ti se aparta.

55

60

65

VI. Que discurren fantasías tristes de un ausente

Prolija memoria,
permite, siquiera,
que por un instante
sosieguen mis penas.

Afloja el cordel,   5
que (según aprietas)
temo que reviente
si das otra vuelta.

Mira que si acabas
con mi vida, cesa   10
de tus tiranías
la triste materia.

No piedad te pido
en aquestas treguas,
sino que otra especie   15
de tormento sea.

Ni de mí presumas
que soy tan grosera
que la vida solo
para vivir quiera.   20

Bien sabes tú, como
quien está tan cerca,
que solo la estimo
por sentir con ella,

y porque perdida,   25
perder era fuerza

un amor que pide
duración eterna:

   por eso te pido
que tengas clemencia,   30
no porque yo viva,
sí porque él no muera.

   ¿No basta cuán vivas
se me representan
de mi ausente cielo   35
las divinas prendas?

   ¿No basta acordarme
sus caricias tiernas,
sus dulces palabras,
sus nobles finezas?   40

   ¿Y no basta que
industriosas crezcan,
con pasadas glorias,
mis presentes penas?

   ¿Sino que (¡ay de mí,   45
mi bien, quién pudiera
no hacerte este agravio
de temer mi ofensa!),

   sino que villano
persuadirme intentas   50
que mi agravio es
posible que sea?

   Y para formarlo,

con necia agudeza,
con cuerdas palabras,   55
acciones contestas.

Sus proposiciones
me las interpretas
y lo que en paz dije
me sirve de guerra.   60

¿Para qué examinas
si habrá quien merezca
de tus bellos ojos
atenciones tiernas?

¿Si de otra hermosura   65
acaso le llevan
méritos más altos,
más dulces ternezas?

¿Si de obligaciones
la carga molesta   70
le obliga en mi agravio
a pagar la deuda?

¿Para qué ventilas
la cuestión superflua
de si es la mudanza   75
hija de la ausencia?

Ya yo sé que es frágil
la naturaleza
y que su constancia
sola es no tenerla.   80

Sé que la mudanza
por puntos, en ella
es de su ser propio
caduca dolencia.

Pero también sé   85
que ha habido firmeza,
que ha habido excepciones
de la común regla.

¿Pues por qué la suya
quieres tú que sea,   90
siendo ambas posibles,
de aquélla, y no de ésta?

Mas ¡ay! que ya escucho
que das por respuesta
que son más seguras   95
las cosas adversas.

Con estos temores
en confusa guerra,
entre muerte y vida
me tienes suspensa.   100

Ven a algún partido
de una vez y acepta
permitir que viva
o dejar que muera.

Liras

I. Expresa el sentimiento que padece una mujer amante de su marido muerto

A estos peñascos rudos,
mudos testigos del dolor que siento,
que solo siendo mudos
pudiera yo fiarles mi tormento,
si acaso de mis penas lo terrible   5
no infunde lengua y voz en lo insensible,

quiero contar mis males,
si es que yo sé los males de que muero;
pues son mis penas tales,
que si contarlas por alivio quiero,   10
le son, una con otra atropellada,
dogal a la garganta, al pecho espada.

No envidio dicha ajena,
que el mal eterno que en mi pecho lidia
hace incapaz mi pena   15
de que pueda tener tan alta envidia:
es tan mísero estado en el que peno,
que como dicha envidio el mal ajeno:

No pienso yo si hay glorias,
porque estoy de pensarlo tan distante,   20
que aun las dulces memorias
de mi pasado bien, tan ignorante
las mira de mi mal el desengaño,
que ignoro si fue bien y sé que es daño.

Estense allá en su esfera   25
los dichosos, que es cosa en mi sentido
tan remota, tan fuera

de mi imaginación, que solo mido,
entre lo que padecen los mortales,
lo que distan sus males de mis males.　　　　30

　　¡Quién tan dichoso fuera
que de un agravio indigno se quejara!
¡Quién un desdén llorara!
¡Quién un alto imposible pretendiera!
¡Quién llegara, de ausencia o de mudanza,　　35
casi a perder de vista la esperanza!

　　¡Quién en ajenos brazos
viera a su dueño, y con dolor rabioso
se arrancara a pedazos
del pecho ardiente el corazón celoso!　　　40
Pues fuera menor mal que mis desvelos
el infierno insufrible de los celos.

　　Pues todos esos males
tienen consuelo o tienen esperanza;
y los más son iguales,　　　　　　　　45
solicitan o animan la venganza,
y solo de mi fiero mal se aleja
la esperanza, venganza, alivio y queja.

　　Porque ¿a quién sino al cielo,
que me robó mi dulce prenda amada,　　50
podrá mi desconsuelo
dar sacrílega queja destemplada?
Y él con sordas, rectísimas orejas,
a cuenta de blasfemias pondrá quejas.

　　Ni Fabio fue grosero,　　　　　　　55
ni ingrato, ni traidor, antes amante,

con pecho verdadero:
nadie fue más leal ni más constante;
nadie más fino supo en sus acciones
finezas añadir a obligaciones.   60

   Solo el cielo envidioso
mi esposo me quitó: la Parca dura,
con ceño riguroso,

   fue solo autor de tanta desventura.
¡Oh cielo riguroso! ¡Oh triste suerte,   65
que tantas muertes das con una muerte!

   ¡Ay, dulce esposo amado!
¿Para qué te vi yo? ¿Por qué te quise,
y por qué tu cuidado
me hizo con las venturas infelice?   70
¡Oh dicha fementida y lisonjera,
quién tus amargos fines conociera!

   ¿Qué vida es ésta mía,
que rebelde resiste a dolor tanto?
¿Por qué, necia, porfía   75
y en las amargas fuentes de mi llanto,
atenuada, no acaba de extinguirse,
si no puede en mi fuego consumirse?

II. Que expresa sentimiento de ausente

Amado dueño mío:
escucha un rato mis cansadas quejas,
pues del viento las fío
que breve las conduzca a tus orejas,
si no se desvanece el triste acento   5
como mi esperanza en el viento.

Óyeme con los ojos,
ya que están tan distantes los oídos
y de ausentes enojos
en ecos de mi pluma mis gemidos;   10
y ya que a ti no llega mi voz ruda,
óyeme sordo, pues me quejo muda.

Si del campo te agradas,
goza de sus frescuras venturosas,
sin que aquestas cansadas   15
lágrimas te detengan enfadosas;
que en él verás, si atento te entretienes,
ejemplo de mis males y mis bienes,

Si el arroyo parlero
ves galán de las flores en el prado,   20
que amante y lisonjero
a cuantas mira íntima su cuidado,
en su corriente mi dolor te avisa
que a costa de mi llanto tienes risa.

Si ves que triste llora   25
su esperanza marchita en ramo verde
tórtola gemidora,
en él y en ella mi dolor te acuerde

que imitan con verdor y con lamento
él a mi esperanza y ella mi tormento.   30

    Si la flor delicada,
si la peña, que altiva no consiente
del tiempo ser hollada,
ambas me imitaban, aunque variamente,
ya con fragilidad, ya con dulzura,   35
mi dicha aquélla, y ésta mi firmeza.

    Si ves el ciervo herido
que baja por el monte acelerado,
buscando, dolorido,
alivio al mal en un arroyo helado,   40
y sediento al cristal se precipita,
no en el alivio, en el dolor me imita.

    Si la liebre encogida
huye medrosa de los galgos fieros,
y por salvar la vida   45
no deja estampa de los pies ligeros,
tal mi esperanza en dudas y recelos
se ve acusada de villanos celos.

    Si ves el cielo claro,
tal es la sencillez del alma mía;   50
y si, de luz avaro,
de tinieblas emboza el claro día,
es con su oscuridad y su clemencia
imagen de mi vida en esta ausencia.

    Así que, Fabio amado,   55
saber puedes mis males sin costarte

la noticia cuidado,
pues puedes de los campos informarte,
y pues yo a todo mi dolor ajusto,
saber mi pena sin dejar tu gusto.   60

Mas ¿cuándo (¡ay, gloria mía!)
mereceré gozar tu luz serena?
¿Cuándo llegará el día
que pongas dulce fin a tanta pena?
¿Cuándo veré tus ojos, dulce encanto,   65
y de los míos quitarás el llanto?

¿Cuándo tu voz sonora
herirá mis oídos, delicada,
y el alma que te adora,
de inundación de gozos anegada,   70
a recibirte con amante prisa
saldrá a los ojos desatada en risa?

¿Cuándo tu luz hermosa
revestirá de glorias mis sentidos?
¿Y cuándo yo dichosa   75
mis suspiros daré por bien perdidos,
teniendo en poco el precio de mi llanto?
¡Que tanto ha de penar quien goza tanto!

¿Cuándo de tu apacible
rostro alegre veré el semblante afable   80
y aquel bien indecible,
a toda humana pluma inexplicable?
Que mal se ceñirá a lo definido
lo que no cabe en todo lo sentido.

Ven, pues, mi prenda amada,   85

que ya fallece mi cansada vida
de esta ausencia pesada;
ven, pues, que mientras tarda tu venida,
aunque me cueste su verdor enojos,
regaré mi esperanza con mis ojos.   90

Glosa. Exhorta a conocer los bienes frágiles
Presto celos llorarás

En vano tu canto suena
pues no advierte en su desdicha
que será el fin de tu dicha
el principio de tu pena.
El loco orgullo refrena,   5
de que tan ufano estás,
sin advertir, cuando das
cuenta al aire de tus bienes,
que si ahora dichas tienes
presto celos llorarás.   10

En lo dulce de tu canto,
el justo temor te avisa
que en un amante no hay risa
que no se alterne con llanto.
No te desvanezca tanto   15
el favor, que te hallarás
burlado y conocerás
cuánto es necio un confiado;
que si hoy blasonas de amado
presto celos llorarás.   20

Advierte que el mismo estado
que al amante venturoso
le constituye dichoso,
le amenaza desdichado;
pues le da tan alto grado   25
por derribarle no más:
y así tú, que ahora estás
en tal altura, no ignores
que si hoy ostentas favores

presto celos llorarás.   30

    La gloria más levantada
que amor a tu dicha ordena
contémplala como ajena
y tenla como prestada.
No tu ambición engañada   35
piense que eterno serás
en las dichas pues verás
que hay áspid entre las flores
y que si hoy cantas favores
presto celos llorarás.   40

Décimas

Esmera su respetuoso amor, habla con el retrato, y no calla con él, dos veces dueño

Copia divina en quien veo
desvanecido al pincel,
de ver que ha llegado él
donde no pudo el deseo;
alto, soberano empleo   5
de más que humano talento,
exenta de atrevimiento,
pues tu beldad increíble,
como excede a lo posible,
no la alcanza el pensamiento.   10

¿Qué pincel tan soberano
fue a copiarte suficiente?
¿Qué numen movió la mente?
¿Qué virtud rigió la mano?
No se alabe el arte vano   15
que te formó peregrino,
pues en tu beldad convino,
para formar un portento,
fuese humano el instrumento
pero el impulso divino.   20

Tan espíritu te admiro,
que cuando deidad te creo
hallo el alma que no veo
y dudo el cuerpo que miro:
todo el discurso retiro,   25
admirada en tu beldad;

que muestra con realidad,
dejando el sentido en calma,

que puede copiarse el alma,
que es visible la deidad.   30

    Mirando perfección tal,
cual la que en ti llego a ver,
apenas puedo creer
que puedes tener igual:
y a no haber original   35
de cuya perfección rara
la que hay en ti se copiara
perdida por tu afición
segundo Pigmalión
la animación te impetrara.   40

    Toco, por ver si escondido
lo viviente en ti parece.
¿Posible es que de él carece
quien roba todo el sentido?
¿Posible es que no ha sentido   45
esta mano que le toca?
¿Y a que atiendas te provoca
a mis rendidos despojos?
¿Que no hay luz en esos ojos?
¿Que no hay voz en esa boca?   50

    Bien puedo formar querella,
cuando me dejas en calma,
de que me robas el alma
y no te animas con ella;
y cuando altivo atropella   55
tu rigor mi rendimiento,
apurando el sufrimiento
tanto tu piedad se aleja,
que se me pierde la queja

y se me logra el tormento.   60

   Tal vez pienso que piadoso
respondes a mi afición,
y otras teme el corazón
que te esquivas desdeñoso:
ya alienta el pecho dichoso,   65
ya infeliz el rigor muere;

pero, como quiera, adquiere
la dicha de poseer,
porque al fin en mi poder
serás lo que yo quisiere.   70

   Y aunque ostentes el rigor
de tu original fiel,
a mí me ha dado el pincel
lo que no puede el amor:
dichosa vivo al favor   75
que me ofrece un bronce frío,
pues aunque muestres desvío,
podrás, cuando más terrible,
decir que eres imposible,
pero no que no eres mío.   80

Respuesta de la poetisa a la muy ilustre sor Filotea de la Cruz

Muy ilustre señora, mi señora:

No mi voluntad, mi poca salud y mi justo temor han suspendido tantos días mi respuesta. ¿Qué mucho, si al primer paso encontraba para tropezar mi torpe pluma dos imposibles? El primero (y para mí el más, rigoroso) es saber responder a vuestra doctísima, discretísima, santísima y amorosísima carta. Y si veo que preguntado el Ángel de las Escuelas, Santo Tomás, de su silencio con Alberto Magno, su Maestro, respondió que callaba, porque nada sabía decir digno de Alberto, ¿con cuánta mayor razón callaría, no como el Santo, de humildad, sino que en la realidad es no saber algo digno de vos? El segundo imposible es saber agradeceros tan excesivo como no esperado favor de dar a las prensas mis borrones, merced tan sin medida que incluso se le pasara por alto a la esperanza más ambiciosa y al deseo más fantástico y que ni aun como ente de razón pudiera caber en mis pensamientos, y en fin, de tal magnitud, que no solo no se puede estrechar a lo limitado de las voces, pero excede a la capacidad del agradecimiento, tanto por grande como por no esperado, que es lo que dijo Quintiliano: Minorem spei, maiorem benefacti gloriam pariunt. Y tal, que enmudecen al beneficiado.

Cuando la felizmente estéril, para ser milagrosamente fecunda, Madre del Bautista vio en su casa tan desproporcionada visita como la Madre del Verbo, se le entorpeció el entendimiento y se le suspendió el discurso, y así, en vez de agradecimiento, prorrumpió en dudas y preguntas: Ea unde hic mihi? ¿De dónde a mí viene tal cosa? Lo mismo sucedió a Saúl cuando se vio electo y ungido rey de Israel: Numquid non filius Iemini ego sum de minima tribu Israel, et cognatio mea minima inter omnes de tribu Beniamin? Quare igitur locutus es mihi sermonem istium? Así yo diré: ¿de dónde, venerable señora, de dónde a mí tanto favor? ¿Por ventura soy más que una pobre monja, la más mínima criatura del mundo, y la más indigna de ocupar vuestra atención? Pues quare locutus es mihi sermonem istum? Et unde hoc mihi? Ni al primer imposible tengo más que responder que no ser nada digno de vuestros ojos; ni al segundo más que admiraciones en vez de gracias, diciendo que no soy capaz de agradeceros la más mínima parte de lo que os debo. No es afectada modestia, señora, sino ingenua verdad de toda mi alma, que al llegar a mis manos impresa la carta, que vuestra propiedad llamó atenagórica, prorrumpí (con no ser esto en mí muy fácil) en lágrimas de confusión, porque me pareció que vuestro favor no era más que una reconvención que Dios hace a lo mal que le correspondo, y que, como a otros corrige con castigos, a mí me quiere reducir a fuerza de beneficios, especial favor de que conozco ser su deudora, como de otros infinitos de su inmensa bondad; pero también especial modo de avergonzarme y confundirme, que es más primoroso medio de castigar hacer que yo misma, con mi conocimiento, sea el juez que me sentencia y condene mi gratitud. Y así, cuando esto considero, acá a mis solas, suelo decir: Bendito seáis vos, Señor, que no solo no quisisteis en manos de otra criatura el juzgarme, y que ni aun en la mía lo pusisteis, sino que lo reservasteis a la vuestra, y me librasteis a mí de la sentencia que yo misma me daría; que forzada de mi propio conocimiento no pudiera ser menos que de condenación, y vos le reservasteis a vuestra misericordia, porque me amáis más de lo que yo me puedo amar.

Perdonad, señora mía, la digresión que me arrebató la fuerza de la verdad, y si la he de confesar toda, también es buscar refugios para huir de la dificultad de responder, y casi me he determinado a dejarlo al silencio; pero como éste es cosa negativa, aunque explica mucho con el énfasis de no explicar, es necesario ponerle algún breve rótulo para que se entienda lo que se pretende que el silencio diga; y si no, dirá nada el silencio, porque éste es su propio oficio, decir nada. Fue arrebatado el Sagrado Vaso de Elección al tercer cielo, y habiendo visto los arcanos secretos de Dios, dice: Audiui arcana Dei, quae non licet homini loqui. No dice lo que vio, pero dice que no lo puede decir, de manera que aquellas cosas que no se pueden decir es menester decir siquiera que no se pueden decir, para que se entienda que al callar no es no saber qué decir sino no caber en las voces lo mucho que hay que decir. Dice San Juan, que si hubiera de escribir todas las maravillas que obró nuestro Redentor, no cupieran en todo el mundo los libros, y dice Vieyra sobre este lugar que en sola esta cláusula dijo más el Evangelista que en todo cuanto escribió: y dice muy bien el fénix lusitano (pero ¿cuándo no dice bien, aun cuando no dice bien?), porque así dice San Juan todo lo que dejó de decir, y expresó lo que dejó de expresar. Así yo (señora mía), solo responderé que no sé qué responder; solo agradeceré diciendo que no soy capaz de agradeceros, y diré (por breve rótulo de lo que dejo el silencio) que solo con la confianza de favorecida y con los valimientos de honrada me puedo atrever a hablar con vuestra grandeza: si fuera necedad, perdonadla, pues es alhaja de la dicha, y en ella ministraré yo más materia a vuestra benignidad y vos daréis mayor forma a mi reconocimiento.

No se hallaba digno Moisés, por balbuciente, para hablar con Faraón; y después, el verse tan favorecido de Dios le infunde tales alientos que no solo habla con el mismo Dios sino que se atreve a pedirle imposibles: *Ostende mihi faciem tuam*. Pues así yo (señora mía): ya no me parecen imposibles los que puse al principio, a vista de lo que me favorecéis; porque quien hizo imprimir la carta tan sin noticia mía, quien la intituló, quien la costeó, quien la honró tanto, siendo de todo indigna por sí y por su autora, ¿qué no hará? ¿Qué no perdonará? ¿Qué dejará de hacer? ¿Y qué dejará de perdonar? Y así, debajo del supuesto de que hablo con el salvoconducto de vuestros favores y debajo del seguro de vuestra benignidad y de que me habéis, como otro Asuero, dado a besar la punta del cetro de oro de vuestro cariño, en señal de concederme benévola licencia para hablar y proponer en vuestra venerable presencia, digo que recibo en mi alma vuestra santísima amonestación de aplicar el estudio a Libros Sagrados, que aunque vienen en traje de consejo tendrá para mí sustancia de precepto, con no pequeño consuelo de que aun antes parece que prevenía mi obediencia vuestra pastoral insinuación, como a vuestra dirección, inferido del asunto y pruebas de la misma carta. Bien conozco que no cae sobre ella vuestra cuerdísima advertencia, sino sobre lo mucho que habréis visto de asuntos humanos que he escrito: y así, lo que he dicho no es más que satisfaceros con ella a la falta de aplicación que habréis inferido (con mucha razón) de otros escritos míos: y hablando con más especialidad, os confieso con la ingenuidad que ante vos es debida, y con la verdad y claridad que en mí siempre es natural y costumbre, que el no haber escrito mucho de asuntos sagrados no ha sido desafición, ni de aplicación la falta, sino sobra de temor y reverencia debida a aquellas Sagradas Letras, para cuya inteligencia yo me conozco tan incapaz y para cuyo manejo soy tan indigna, resonándome siempre en los oídos, con no pequeño horror, aquella amenaza y prohibición del Señor a los pecadores como yo: *Quare tu enarras iustitias meas et assumis testamentum meum per os tuum?*

Esta pregunta, y el ver que aun a los varones doctos se prohibía el leer los Cantares, hasta que pasaban de treinta años, y aun el Génesis; éste, por su oscuridad; y aquéllos, porque de la dulzura de aquellos epitalamios no tomase ocasión la imprudente juventud de mudar el sentido en carnales afectos, compruébalo mi gran padre San Jerónimo, mandando que sea esto lo último que se estudie, por la misma razón: *Ad ultimum sine periculo discat Canticum Canticorum, ne si in exordio legerit sub carnalibus uerbis spiritualium nuptiarum Epithalamium, non intelligens, uulneretur.* Y Séneca dice: *Teneris in unnis haud clara est fides.* Pues ¿cómo me atreviera yo a tomarlo en mis indignas manos, repugnándolo el sexo, la edad, y sobre todo las costumbres? Y así, confieso que muchas veces este temor me ha quitado la pluma de la mano, y ha hecho retroceder los asuntos hacia el mismo entendimiento, de quien querían brotar: el inconveniente no topaba en los asuntos profanos, pues una herejía contra el arte no la castiga el Santo Oficio, sino los discretos con risa, y los críticos con censura; y ésta, *iusta uel iniusta, timenda non est,* pues deja comulgar y oír misa, por lo cual me da poco o ningún cuidado, porque según la misma decisión de los que lo calumnian, ni tengo obligación para saber, ni aptitud para acertar; luego si lo yerro, ni es culpa, ni es descrédito; no es culpa, porque no tengo obligación; no es descrédito, pues no tengo posibilidad de acertar, y *ad imposibilis, nemo tonetur.* Y a la verdad, yo nunca he escrito sino violentada y forzada, y solo por dar gusto a otros, no solo sin complacencia, sino con positiva repugnancia, porque nunca he juzgado de mí que tenga el caudal de letras e ingenio que pide la obligación de quien escribe, y así es la ordinaria respuesta a los que instan (y más si es asunto sagrado): ¿Qué entendimiento tengo yo? ¿Qué estudio? ¿Qué materiales?, ¿ni qué noticias para eso, sino cuatro bachillerías superficiales? Dejen eso para quien lo entienda, que yo no quiero ruido con el Santo Oficio, que soy ignorante, y tiemblo de decir alguna proposición malsonante, o torcer la genuina inteligencia de algún lugar. Yo no estudio para escribir, ni menos para enseñar, que fuera en mí desmedida soberbia, sino solo por ver si con estudiar ignoro menos. Así lo respondo y así lo siento.

El escribir nunca ha sido dictamen propio, sino fuerza ajena, que les pudiera decir con verdad: *Vos me coegistis.* Lo que sí es verdad, que no negaré (lo uno porque es notorio a todos; y lo otro, porque aunque sea contra mí, me ha hecho Dios la merced de darme grandísimo amor a la verdad), que desde que me rayó la primera luz de la razón, fue tan vehemente y poderosa la inclinación a las letras que ni ajenas represiones (que he tenido muchas), ni propias reflexas (que de hecho no pocas) han bastado a que deje de seguir este natural impulso, que Dios puso en mí: su Majestad sabe por qué y para qué: y sabe que le he pedido que apague la luz de mi entendimiento, dejando solo lo que baste para guardar su Ley, pues lo demás sobra (según algunos) en una mujer: y aún hay quien diga que daña. Sabe también su Majestad que no consiguiendo esto, he intentado sepultar con mi nombre mi entendimiento, y sacrificárselo solo a quien me lo dio, y que no otro motivo me entró en la Religión, no obstante que al desembarazo y quietud que pedía mi estudiosa intención eran repugnantes los ejercicios y compañía de una comunidad; y después de ella, sabe el Señor, y lo sabe en el mundo quien solo lo debió saber, lo que me intenté en orden a esconder mi nombre, y que no me lo permitió, diciendo que era tentación: y sí sería. Si yo pudiera pagaros algo de lo que os debo (señora mía), creo que solo os pagara en contaros esto, pues no ha salido de mi boca jamás, excepto para quien debió salir. Pero quiero que con haberos franqueado de par en par las puertas de mi corazón, haciéndoos presentes sus más sellados secretos, conozcáis que no desdice de mi confianza lo que debo a vuestra venerable persona y excesivos favores.

Prosiguiendo en la narración de mi inclinación (de que os quiero dar entera noticia) digo, que no había cumplido los tres años de mi edad cuando, enviando mi madre a una hermana mía, mayor que yo, a que se enseñase a leer en una de las que llaman Amigas, me llevó a mí tras ella el cariño y la travesura; y viendo que le daban lección me encendí yo de manera en el deseo de saber leer, que engañando, a mi parecer, a la maestra, le dije: Que mi madre ordenaba me diese lección. Ella no lo creyó, porque no era creíble; pero por complacer al donaire, me la dio. Proseguí yo en ir y ella prosiguió en enseñarme, ya no de burlas, porque la desengañó la experiencia, y supe leer en tan breve tiempo, que ya sabía, cuando lo supo mi madre, a quien la maestra lo ocultó, por darle el gusto por entero y recibir el galardón por junto; y yo lo callé, creyendo que me azotarían, por haberlo hecho sin orden. Aún vive la que me enseñó, Dios la guarde, y puede testificarlo. Acuérdome que en estos tiempos, siendo mi golosina la que es ordinaria en aquella edad, me abstenía de comer queso; porque oí decir que hacía rudos, y podía conmigo más el deseo de saber que el de comer, siendo éste tan poderoso en los niños. Teniendo yo después como seis o siete años, y sabiendo ya leer y escribir, con todas las otras habilidades de labores y costura que deprehenden las mujeres, oí decir que había universidades y escuelas, en que se estudiaban las ciencias, en México; y apenas lo oí, cuando empecé a matar a mi madre con instantes e importunos ruegos, sobre que, mudándome el traje, me enviase a México, en casa de unos deudos que tenía, para estudiar y cursar la Universidad; ella no lo quiso hacer (e hizo muy bien), pero yo despiqué el deseo de leer muchos libros varios que tenía mi abuelo, sin que bastasen castigos ni reprensiones a estorbarlo; de manera que cuando vine a México se admiraban no tanto del ingenio, cuando de la memoria y noticias que tenía en edad que parecía que apenas había tenido tiempo para aprender a hablar. Empecé a deprehender gramática, en que creo no llegaron a veinte las lecciones que tomé; y era tan intenso mi cuidado, que siendo así que en las mujeres (y más en tan florida juventud) es tan apreciable el adorno natural del cabello, yo me cortaba de él cuatro o seis dedos, midiendo hasta donde llegaba antes, e imponiéndome ley de que si cuando volviese a crecer hasta allí no sabía tal o cual cosa, que me había propuesto deprehender en tanto que crecía, me lo había de volver a cortar, en pena de la rudeza. Sucedía así que él crecía, y yo no sabía lo propuesto, porque el pelo crecía aprisa, y yo aprendía despacio, con efecto lo cortaba, en pena de la rudeza; que no me parecía razón que estuviese vestida de cabellos cabeza que estaba tan desnuda de noticias, que era más apetecible adorno. Entreme religiosa, porque aunque conocía que tenía el estado cosas (de las accesorias hablo, no de las formales), muchas repugnantes a mi genio, con todo, para la total negación que tenía al matrimonio, era lo menos desproporcionado y lo más decente que podía elegir, en materia de seguridad que deseaba, mi salvación: a cuyo primer respecto (como al fin más importante) cedieron y sujetaron la cerviz todas las impertinencillas de mi genio, que eran de querer vivir sola, de no querer tener ocupación obligatoria que embarazase la libertad de mi estudio, ni rumor de comunidad que impidiese el sosegado silencio de mis libros. Esto me hizo vacilar algo en la determinación, hasta que alumbrándome personas doctas de que era tentación, la vencí con el favor divino, y tomé el estado que tan indignamente tengo. Pensé yo que huía de mí misma; pero, ¡miserable de mí!, trájeme a mí conmigo y traje mi mayor enemigo en esta inclinación, que no sé determinar si por prenda o castigo me dio el Cielo, pues de apagarse o embarcarse con tanto ejercicio que la Religión tiene, reventaba, como pólvora, y se verificaba en mí el *priuatio est causa appetitus*.

Volví (mal dije, pues nunca cesé), proseguí, digo, a la estudiosa tarea (que para mí era descanso en todos los ratos que sobraban a mi obligación) de leer y más leer, de estudiar y más estudiar, sin más maestro que los mismos libros. Ya se ve cuán duro es estudiar en aquellos caracteres sin alma, careciendo de la voz viva y explicación del maestro: pues todo este trabajo sufría yo muy gustosa, por amor de las letras: ¡oh, si hubiese sido por amor de Dios, que era lo acertado, cuánto hubiera merecido! Bien que yo procuraba elevarlo cuanto podía y dirigirlo a su servicio, porque el fin a que aspiraba era a estudiar Teología, pareciéndome menguada inhabilidad, siendo católica, no saber todo lo que en esta vida se puede alcanzar, por medios naturales de los Divinos Misterios; y que siendo monja y no seglar, debía por el estado eclesiástico profesar letras; y más siendo hija de un San Jerónimo, y de una Santa Paula, que era degenerar de tan doctos padres ser idiota la hija. Esto me proponía yo de mí misma, y me parecía razón sino es que era (y eso es lo más cierto) lisonjear y aplaudir a mi propia inclinación, proponiéndole como obligatorio su propio gusto: con esto proseguí, dirigiéndome siempre como he dicho, los pasos de mi estudio a la cumbre de la Sagrada Teología; y pareciéndome preciso, para llegar a ella, subir por los escalones de las ciencias y arte humanas; porque ¿cómo entenderá el estilo de la Reina de las Ciencias quien no sabe el de las ancillas?

¿Cómo, sin lógica, sabría yo los métodos generales y particulares con que está escrita la Sagrada Escritura? ¿Cómo, sin retórica, entendería sus figuras, tropos y locuciones? ¿Cómo, sin física, tantas cuestiones naturales de las naturalezas de los animales, de los sacrificios, donde se simbolizan tantas cosas ya declaradas y otras muchos que hay? ¿Cómo, si el sanar Saúl al sonido del arpa de David fue virtud y fuerza natural de la música, o sobrenatural, que Dios quiso poner en David? ¿Cómo, sin aritmética, se podrán entender tantos cómputos de años, de días, de meses, de horas, de hebdómadas tan misteriosas, como las de Daniel, y otras, para cuya inteligencia es necesario saber las naturalezas, concordancias y propiedades de los números? ¿Cómo, sin geometría, se podrán medir el Arca Santa del Testamento, y la Ciudad Santa de Jerusalén, cuyas misteriosas mensuras hacen un cubo, con todas sus dimensiones, y aquel repartimiento proporcional de todas sus partes, tan maravilloso? ¿Cómo, sin arquitectura, el gran Templo de Salomón, donde fue el mismo Dios el artífice que dio la disposición y la traza, y el sabio rey solo fue sobrestante que la ejecutó, donde no había base sin misterio, columna sin símbolo, cornisa sin alusión, arquitrabe sin significado; y así de otras sus partes, sin que el más mínimo filete estuviese solo por el servicio y complemento del arte, sino simbolizando cosas mayores? ¿Cómo, sin grande conocimiento de reglas, y partes de que consta la historia, se entenderían los libros historiales? ¿Aquellas recapitulaciones, en que muchas veces se propone en la narración lo que en el hecho sucedió primero? ¿Cómo, sin grande noticia de ambos derechos, podrán entenderse los libros legales? ¿Cómo, sin grande erudición, tantas cosas de historia profanas de que hace mención la Sagrada Escritura? ¿Tantas costumbres de gentiles? ¿Tantos ritos? ¿Tantas maneras de hablar? ¿Cómo, sin muchas reglas y lección de Santos Padres, se podrá entender la oscura locución de los Profetas? Pues sin ser muy perito en la música, ¿cómo se entenderán aquellas proporciones musicales y sus primores, que hay en tantos lugares, especialmente en aquellas peticiones que hizo a Dios Abraham por las ciudades, de que si perdonaría, habiendo cincuenta justos, y de este número bajó a cuarenta y cinco, que es sesquinona y es como de Mi a Re; de aquí a cuarenta, que es sesquioctava, y es como de Re a Mi: de aquí a treinta, que es sesquitercia, que es la del Diatesarón: de aquí a veinte, que es la proporción sesquiáltera, que es la del Diapante: de aquí a diez, que es la dupla, que es el Diapasón; y como no hay más proporciones armónicas, no paso de ahí? Pues ¿cómo se podrá entender esto sin música? Allá en el Libro de Job, le dice Dios: Nunquid coiungere ualebis micantes stellas Pleiadas, aut gyrum Arcturi poteris dissipare? Nunquid producis Luciferum in tempore suo, et esperum super filios terrae consurgere facis? Cuyos términos, sin noticia de Astrología, será imposible entender. Y no solo estas nobles ciencias; pero no hay arte mecánico que no se mencione. Y en fin, como el libro que comprende todos los libros, y la ciencia en que se incluyen todas las ciencias, para cuya inteligencia todas sirven: y después de saberlas todas (que ya se ve que no es fácil ni aun posible), pide otra circunstancia más que todo lo dicho, que es una continua oración, y pureza de vida, para impetrar de Dios aquella purgación de ánimo e iluminación de mente que es menester para la inteligencia de cosas tan altas: y si esto falta, nada sirve de lo demás.

Del Angélico Doctor Santo Tomás dice la Iglesia estas palabras: In difficultatibus locorum Sacra Scripturae ad orationem, ieunium adhibebat. Quim tiam sodali sou Fratri Reginaldo dicere solebat, quidquid sciret, non tam studio, aut labore suo peperisse, quam diunitus traditum accepisse. Pues yo, tan distante de la virtud y las letras, ¿cómo había de tener ánimo para escribir? Y así, por tener algunos principios granjeados, estudiaba continuamente diversas cosas, sin tener para alguna particular inclinación, sino para todas en general; por lo cual, el haber estudiado en unas más que en otras no ha sido en mí elección, sino que el caso de haber topado más a mano libros de aquellas facultades les ha dado (sin arbitrio mío) la preferencia: y como no tenía interés que me moviese, ni límite de tiempo que me estrechase el continuado estudio de una cosa, por la necesidad de los grados, casi a un tiempo estudiaba diversas cosas, o dejaba unas por otras; bien que en eso observaba orden, porque a unas llamaba estudio, y a otras diversión; y en éstas descansaba de las otras: de donde se sigue que he estudiado muchas cosas, y nada sé, porque las unas han embarazado a las otras. Es verdad que esto digo de la parte práctica en las que la tienen, porque claro está que mientras se mueve la pluma descansa el compás; y mientras se toca el arpa, sosiega el órgano; et sic de caeteris; porque, como es menester mucho uso corporal para adquirir hábito, nunca lo puede tener perfecto quien se reparte en varios ejercicios; pero en lo formal y especulativo sucede al contrario, y quisiera yo persuadir a todos con mi experiencia, a que no solo no estorban, pero se ayudan, dando a luz y abriendo camino las unas para las otras, por variaciones y ocultos engarces, que para esta cadena universal les puso la sabiduría de su Autor; de manera que parece se corresponden y están unidas con admirable trabazón y concierto. Es la cadena que fingieron los antiguos que salía de la boca de Júpiter, de donde pendían todas las cosas, eslabonadas unas con otras. Así lo demuestra el R. P. Atanasio Quirquerio en su curioso libro De magnete. Todas las cosas salen de Dios, que es el centro, a un tiempo, y la circunferencia de donde salen y paran todas las líneas creadas.

Yo de mí puedo asegurar que lo que no entiendo en un autor de una facultad lo suelo entender en otro de otra que parece muy distante; y esos propios, al explicarse, abren ejemplos metafóricos de otras Artes; como cuando dicen los lógicos que el medio se ha con los términos como se ha una medida con dos cuerpos distantes, para conferir si son iguales o no; y que la oración del lógico anda como la línea recta por el camino más breve; y la del retórico se mueve, como la curva, por el más largo; pero van a un mismo punto los dos. Y cuando dicen que los expositores son como la mano abierta y los escolásticos como el puño cerrado: y así, no es disculpa ni por tal la doy el haber estudiado diversas cosas, pues éstas antes se ayudaban; sino que el no haber aprovechado ha sido ineptitud mía y debilidad de mi entendimiento, no culpa de la variedad: lo que sí pudiera ser descargo mío es el sumo trabajo, no solo en carecer de maestro, sino de condiscípulos con quienes conferir y ejercitar lo estudiado, teniendo solo por maestro un libro mudo, por condiscípulo un tintero insensible, y en vez de explicación y ejercicio, muchos estorbos, no solo los de mis religiosas obligaciones (que éstas ya se sabe cuán útil y provechosamente gastan el tiempo), sino de aquellas cosas accesorias de una comunidad, como estar yo leyendo y antojárseles en la celda vecina tocar y cantar: estar yo estudiando, y pelear dos criadas y venirme a constituir juez de su pendencia: estar yo escribiendo y venir una amiga a visitarme, haciéndome muy mala obra con muy buena voluntad; donde es preciso, no solo admitir el embarazo, pero quedar agradecida del perjuicio: y esto es continuamente, porque como los ratos que destino a mi estudio son los que sobran de lo regular de la comunidad, esos mismos les sobran a las otras para venirme a estorbar; y solo saben cuánta verdad es ésta los que tienen experiencia de vida común, donde solo la fuerza de la vocación puede hacer que mi natural esté gustoso, y el mucho amor que hay entre mí y mis amadas hermanas, que como el amor es unión, no hay para él extremos distantes.

En esto sí, confieso que ha sido inexplicable mi trabajo; y así, no puedo decir lo que con envidia oigo a otros, que no les ha costado afán el saber: dichosos ellos. A mí no el saber (que aún no sé), solo el desear saber me lo ha costado tan grande que pudiera decir como mi padre San Jerónimo (aunque no con su aprovechamiento): *Quid ibi laboris insumpserim, quid sustinuerim difficultatis, quoties desperauerim, quotiesque cessauerim, et contentione dicendi rursus incoeperim, testis est consciencia, tam mea, qui passus sum, quam eorum, qui mecum duxerunt uitan.* Menos los compañeros y testigos (que aun de ese alivio he carecido), lo demás bien puedo asegurar con verdad. ¡Y que haya sido tal ésta mi negra inclinación, que todo lo haya vencido!

Solía sucederme que como, entre otros beneficios, debo a Dios un natural tan blando y tan afable, y las religiosas me aman mucho por él (sin reparar, como buenas, en mis faltas), y con esto gustan mucho de mi compañía: conociendo esto, y movida del grande amor que les tengo, con mayor motivo que ellas a mí, gusto más de la suya; así, me solía ir, los ratos que a unas y a otras nos sobraban, a consolarlas y recrearme con su conversación. Reparé que en este tiempo hacía falta a mi estudio y hacía voto de no entrar en celda alguna, si no me obligase a ello la obediencia o la caridad: porque sin este freno tan duro, al de solo propósito lo rompiera el amor: y este voto (conociendo mi fragilidad) lo hacía por un mes o por quince días; y dando, cuando se cumplía, un día o dos de treguas, lo volvía a renovar, sirviendo este día, no tanto a mi descanso (pues nunca lo ha sido para mí el no estudiar), cuanto a que no me tuviesen por áspera, retirada e ingrata al no merecido cariño de mis carísimas hermanas.

Bien se deja en esto conocer cuál es la fuerza de mi inclinación. Bendito sea Dios, que quiso fuese hacia las letras, y no hacia otro vicio que fuera en mí casi insuperable; y bien se infiere también cuán contra la corriente han navegado (o, por mejor decir, han naufragado) mis pobres estudios. Pues aún falta por retirar lo más arduo de las dificultades; que las de hasta aquí solo han sido estorbos obligatorios y casuales, que indirectamente lo son; y faltan los positivos, que directamente han tirado a estorbar y prohibir el ejercicio. ¿Quién no creerá, viendo tan generales aplausos, que he navegado viento en popa y mar en leche sobre las palmas de las aclamaciones comunes? Pues Dios sabe que no ha sido muy así: porque entre las flores de esas mismas aclamaciones, se han levantado y despertado tales áspides de emulaciones y persecuciones, cuantas no podré contar; y los que más nocivos y sensibles para mí han sido, no son aquellos que con declarado odio y malevolencia me han perseguido, sino los que amándome y deseando mi bien (y por ventura, mereciendo mucho con Dios por la buena intención) me han mortificado, y atormentado más que los otros, con aquél: No conviene a la santa ignorancia, que deben, este estudio; se ha de perder, se ha de desvanecer en tanta altura con su misma perspicacia y agudeza. ¿Qué me habrá costado resistir esto? ¡Rara especie de martirio, donde yo era el mártir y me era el verdugo! Pues por la (en mí dos veces infeliz) habilidad de hacer versos, aunque fuesen sagrados, ¿qué pesadumbres no me han dado? ¿O cuáles no me han dejado de dar? Cierto, señora mía, que algunas veces me pongo a considerar que el que se señala o le señala Dios, que es quien solo lo puede hacer, es recibido como enemigo común, porque parece a algunos que usurpa los aplausos que ellos merecen; o que hace estanque de las admiraciones a que aspiraban, y así le persiguen. Aquella ley políticamente bárbara de Atenas, por la cual salía desterrado de su república el que se señalaba en prendas y virtudes, porque no tiranizase con ellas la libertad pública, todavía dura, todavía se observa en nuestros tiempos, aunque no hay ya aquel motivo de los atenienses; pero hay otro, no menos eficaz, aunque no tan bien fundado, pues parece máxima del impío Maquiavelo, que es aborrecer al que se señala, porque desluce a otros. Así sucede y así sucedió siempre.

Y si no, ¿cuál fue la causa de aquel rabioso odio de los fariseos contra Cristo, habiendo tantas razones para lo contrario? Porque si miramos su presencia, ¿cuál prenda más amable que aquella divina hermosura? ¿Cuál más poderosa para arrebatar los corazones? Si cualquiera belleza humana tiene jurisdicción sobre los albedríos, y con blanda y apetecida violencia los sabe sujetar, ¿qué haría aquélla con tantas prerrogativas y dotes soberanos? ¿Qué haría, qué movería, y qué no haría, y qué no movería aquella incomprensible beldad, por cuyo hermoso rostro, como por un terso cristal, se estaban transparentando los rayos de la divinidad? ¿Qué no movería aquel semblante, que sobre incomparables perfecciones en lo humano señalaba iluminaciones de divino? Si el Moisés, de solo la conversación con Dios, era intolerable a la flaqueza de la vida humana, ¿qué sería el del mismo Dios humanado? Pues si vamos a las demás prendas, ¿cuál más amable que aquella celestial modestia, que aquella suavidad y blandura, derramando misericordias en todos sus movimientos? ¿Aquella profunda humildad y mansedumbre? ¿Aquellas palabras de vida eterna y eterna sabiduría? Pues ¿cómo es posible que esto no les arrebatara las almas, que no fuesen enamorados y elevados tras él? Dice la Santa Madre, y madre mía, Teresa, que después que vio la hermosura de Cristo, quedó libre de poderse inclinar a criatura alguna, porque ninguna cosa veía que no fuese fealdad, comparada con aquella hermosura. Pues ¿cómo en los hombres hizo tan contrario efecto? Y ya que como toscos y viles no tuvieran conocimiento ni estimación de sus perfecciones, siquiera, como interesables, ¿no les movieran sus propias conveniencia y utilidades en tantos beneficios como les hacía, sanando los enfermos, resucitando los muertos, curando los endemoniados? Pues ¿cómo no le amaban? ¡Ay Dios, que por eso mismo no lo amaban, por eso mismo lo aborrecían! Así lo testificaron ellos mismos.

Júntanse en su concilio y dicen: *Quid facimus, quia hic homo multa signa facit?* ¿Hay tal causa? Si dijeran: Éste es un malhechor, un transgresor de la ley, un alborotador, que con engaños alborota el pueblo, mintieran, como mintieron cuando lo decían: pero eran causales más congruentes a lo que solicitaban, que era quitarle la vida; mas dar por causal que hace cosas señaladas, no parece de hombres doctos, cuales eran los fariseos. Pues así es, que cuando se apasionan los hombres doctos prorrumpen en semejantes inconsecuencias: en verdad que solo por eso salió determinado que Cristo muriese. Hombres, si es que así se os puede llamar, siendo tan brutos, ¿por qué es ésa tan cruel determinación? No responden más, sino que multa signa facit. ¡Válgame Dios! ¿Qué, el hacer cosas señaladas es causa para que uno muera? Haciendo reclamo este *Multa signa facit a aquel O radix Iesse, qui stas in signum populorum!* Y a otro: *In signum cui contradicetur.* ¿Por signo? Pues muera. ¿Señalado? Pues padezca, que eso es el premio de quien se señala. Suelen en la eminencia de los templos colocarse por adorno unas figuras de los vientos y de la fama, y por defenderlas de las aves, las llenan todas de púas; defensa parece y no es sino propiedad forzosa: no puede estar sin púas que la puncen quien está en alto: allí está la ojeriza del aire, allí es el rigor de los elementos, allí despican la cólera los rayos, allí es el blanco de piedras y flechas: ¡oh infeliz altura, expuesta a tantos riesgos! ¡Oh signo, que te ponen por blanco de la envidia y por objeto de la contradicción! Cualquiera eminencia, ya sea de dignidad, ya de nobleza, ya de riqueza, ya de hermosura, ya de ciencia, padece esta pensión; pero la que con más rigor la experimenta es la del entendimiento: lo primero, porque es el más indefenso, pues la riqueza y el poder castigan a quien se les atreve; y el entendimiento no, pues mientras es mayor, es más modesto y sufrido y se defiende menos. Lo segundo es porque, como dijo doctamente Gracián, las ventajas en el entendimiento lo son en el ser. No por otra razón es el ángel más que el hombre, que porque entiende más: no es otro el exceso que el hombre hace al bruto sino solo entender; y así como ninguno quiere ser menos que otro, así ninguno confiesa que otro entiende más: porque es consecuencia del ser más. Sufrirá uno y confesará que otro es más noble que él; que es más rico, que es más hermoso; y aunque es más docto; pero que es más entendido, apenas habrá quien lo confiese: *Rarus est qui uelit cedere ingenio.* Por eso es tan eficaz la batería contra esta prenda.

Cuando los soldados hicieron burla, entretenimiento y diversión de N. S. Jesucristo, trajeron una púrpura vieja, y una caña hueca, y una corona de espinas para coronarle por Rey de Burlas. Pues ahora, la caña y la púrpura eran afrentosas, pero no dolorosas; pues ¿por qué solo la corona es dolorosa? ¿No basta que como las demás insignias fuese de escarnio e ignominia, pues ése era el fin? No, porque la sagrada cabeza de Cristo y aquel divino cerebro eran depósito de la sabiduría; y cerebro sabio en el mundo no basta que esté escarnecido, ha de estar también lastimado y maltratado; cabeza que es erario de sabiduría no espere otra corona que de espinas. ¿Cuál guirnalda espera la sabiduría humana, si ve la que obtuvo la divina? Coronaba la soberbia romana las diversas hazañas de sus capitanes también con diversas coronas: ya con la cívica, al que defendía al ciudadano; ya con la castrense, al que entraba en los reales enemigos; ya con la mural, al que escalaba el muro; ya con la obsidional, al que libraba la ciudad cercada, o el ejército sitiado, o el campo, o en los reales, ya con la naval, ya con la oval, ya con la triunfal otras hazañas, según refieren Plinio y Aulo Gelio: mas viendo yo tantas diferencias de coronas, dudaba de cuál especie sería la de Cristo, y me parece que fue obsidional, que (como sabéis, señora) era la más honrosa, y se llamaba obsidional de obsidio, que quiere decir cerco; la cual no se hacía de oro ni de plata, sino de la misma grama o hierba que cría el campo en que se hacía la empresa: y como la hazaña de Cristo fue hacer levantar el cerco al Príncipe de las Tinieblas, el cual tenía sitiada toda la Tierra, como lo dice en el libro de Job: *Circuiui terram ta ambuluai per ea.* Y de él dice San Pedro: *Circuit quaerens quem deuroret,* y vino nuestro caudillo, y le hizo levantar el cerco: *Nunc Princeps huius mundi eiicieturforas.* Así los soldados lo coronaron, no con oro, ni plata, sino con el fruto natural que producía el mundo, que fue el campo de la lid; el cual, después de la maldición, *spinas et tributos germinabit tibi,* no producía otra cosa que espinas: y así, fue propísima corona de ellas, en el valeroso y sabio vencedor, con que le coronó su madre la Sinagoga. Saliendo a ver el doloroso triunfo, como el del otro Salomón festivas, a éste llorosas las hijas de Sión, porque es el triunfo de sabio obtenido con dolor y celebrado con llanto, que es el modo de triunfar la sabiduría; siendo Cristo, como Rey de ella, quien estrenó la corona, porque santificada en sus sienes se quite el horror a los otros sabios y entiendan que no han de aspirar a otro honor.

Quiso la misma Vida ir a dar vida a Lázaro difunto: ignoraban los discípulos el intento y lo replicaron: *Rabbi, nunc quaerebant te Iudaei lapidare et iterum uodis illuc?* Satisfizo el Redentor el temor: *Nonne duodecim sunt horae diei?* Hasta aquí parece que temían, porque tenían el antecedente de quererlo apedrear; porque los había reprendido, llamándolos ladrones y no pastores de las ovejas. Y así temían que si iba a lo mismo (como las represiones, aunque sean tan justas, suelen ser mal reconocidas) corriese peligro su vida; pero ya desengañados y enterados de que va a dar vida a Lázaro, ¿cuál es la razón que pudo mover a Tomás para que tomando aquí los alientos que en el Huerto Pedro *Eamus et nos, ut moriamur cum eo?* ¿Qué dices, Apóstol Santo, a morir no va el Señor, de qué es el recelo? Porque a lo que Cristo va no es a reprender, sino a hacer una obra de piedad, y por eso no le suelen hacer mal. Los mismos judíos os podían haber asegurado, pues cuando os reconvino, queriéndole apedrear: *Multa bona opera ostendi uobis ex Patre meo, propter quod eorum opus me lapidastis?* Le respondieron: *De bono opere non lapidamus te, sed de blasphemia.* Pues si ellos dicen que no lo quieren apedrear por las buenas obras y ahora va a hacer una tan buena como dar la vida a Lázaro, ¿de qué es el recelo? ¿O por qué? ¿No fuera mejor decir: Vamos a gozar el fruto del agradecimiento de la buena obra que va a hacer nuestro Maestro, a verle aplaudir y rendir gracias al beneficio, a ver las admiraciones que hacen del milagro? Y no decir, al parecer, una cosa tan fuera del caso, como: Emaus cum eo. Mas ¡ay!, que el Santo temió como discreto, y habló como Apóstol. ¿No va Cristo a hacer un milagro? ¿Pues qué mayor peligro? Menos intolerable es para la soberbia oír las represiones que para la envidia ver los milagros. En todo lo dicho, venerable señora, no quiera (ni tal desatino cupiera en mí) decir que me han perseguido por saber, sino solo porque he tenido amor a la sabiduría y a las letras, no porque haya conseguido ni uno ni otro.

Hallábase el Príncipe de los Apóstoles, en un tiempo, tan distante de la sabiduría, como pondera aquel enfático *Petrus uero sequebatur eum a longe*. Tan lejos de los aplausos del doctor, quien tenía el título de indiscreto: *Nesciens quid diceret*. Y aún examinado del conocimiento de la sabiduría, dijo él mismo que no había alcanzado la menor noticia: *Mulier, nescio quid dicis: mulier, non noui illum*. Y ¿qué le sucede? Que teniendo estos créditos de ignorante, no tuvo la fortuna, sí las aflicciones de sabio: ¿Por qué? No se dio otra causal sino: *Et hic cum illo erat*. Era afecto a la sabiduría, llevábalo el corazón, andábase tras ella, preciábase de seguidor y amoroso de la sabiduría; y aunque era tan a longe, que no la comprendía ni alcanzaba, bastó para incurrir sus tormentos. Ni faltó soldado de fuera que no lo afligiese, ni mujer doméstica que no lo aquejase. Yo confieso que me hallo muy distante de los términos de la sabiduría, y que la he deseado seguir, aunque a longe. Pero todo ha sido acercarme más al fuego de la persecución, al crisol del tormento y ha sido con tal extremo, que han llegado a solicitar que se me prohiba el estudio.

Una vez lo han conseguido con una prelada muy santa y muy cándida, que creyó que el estudio era cosa de Inquisición, y me mandó que no estudiase: Yo la obedecía (unos tres meses, que duró el poder ella mandar) en cuanto a no tomar libro, que en cuanto a no estudiar absolutamente, como no cae debajo de mi potestad, no lo pude hacer, porque aunque no estudiaba en los libros, estudiaba en todas las cosas que Dios crió, sirviéndome ellas de letras y de libro toda esta máquina universal. Nada veía sin reflexa, nada oía sin consideración, aun en las cosas más menudas y materiales; porque como no hay criatura, por baja que sea, en que no se conozca el *me fecit Deus*, no hay alguna que no pasme el entendimiento, si se considera como se debe. Así yo (vuelvo a decir) las miraba y admiraba todas; de tal manera, que de las mismas personas con quienes hablaba, y de lo que me decían, me estaban resaltando mis consideraciones: ¿de dónde emanaría aquella variedad de genios e ingenios, siendo todos de una especie? ¿Cuáles serían los temperamentos y ocultas cualidades que lo ocasionaban? Si veía una figura, estaba combinando la proporción de sus líneas y midiéndola con el entendimiento y reduciéndola a otras diferentes. Paseábame algunas veces en el testero de un dormitorio nuestro (que es una pieza muy capaz), y estaba observando que siendo las líneas de sus dos lados paralelas y su techo a nivel, la vista fingía que sus líneas se inclinaban una a otra, y que su techo estaba más bajo en lo distante que en lo próximo: de donde infería que las líneas visuales corren rectas, pero no paralelas, sino que van a formar una figura piramidal. Y discurría si sería ésta la razón que obligó a los antiguos a dudar si el mundo era esférico o no. Porque aunque lo parece, podía ser engaño de la vista, demostrando concavidades donde pudiera no haberlas.

Este modo de reparos en todo me sucedía, y sucede siempre, sin tener yo arbitrio en ello, que antes me suelo enfadar, porque me cansa la cabeza; y yo creía que a todos sucedía esto mismo, y el hacer versos, hasta que la experiencia me ha mostrado lo contrario: y es de tal manera esta naturaleza o costumbre, que nada veo sin segunda consideración. Estaban en mi presencia dos niñas jugando con un trompo, y apenas yo vi el movimiento y la figura, cuando empecé, con ésta mi locura, a considerar el fácil motu de la forma esférica; y cómo duraba el impulso ya impreso, e independencia de su causa, pues distante la mano de la niña, que era la causa motiva, bailaba el trompillo; y no contenta con esto, hice traer harina y cernerla, para que en bailando el trompo encima se conociese si eran círculos perfectos o no los que describía con su movimiento; y hallé que no eran sino unas líneas espirales, que iban perdiendo lo circular cuando se iba remitiendo el impulso. Jugaban otras a los alfileres (que es el más frívolo juego que usa la puerilidad); yo me llegaba a contemplar las figuras que formaban, y viendo que acaso se pusieron tres en triángulo, me ponía a enlazar uno en otro, acordándome de que aquélla era la figura que dicen tenía el misterioso anillo de Salomón, en que había unas lejanas luces y representaciones de la Santísima Trinidad, en virtud de lo cual obraba tantos prodigios y maravillas; y la misma que dicen tuvo el arpa de David y que por eso sanaba Saúl a su sonido: casi la misma conservan las arpas de nuestros tiempos.

Pues, ¿qué os pudiera contar, señora, de los secretos naturales que he descubierto estando guisando? Ver que un huevo se une y se fríe en la manteca o aceite y por el contrario se despedaza en el almíbar: ver que para que el azúcar se conserve fluida basta echarle una muy mínima parte de agua en que haya estado membrillo u otra fruta agria: ver que la yema y clara de un mismo huevo son tan contrarias, que en los unos que sirven para el azúcar, sirve cada una de por sí, y juntas no. Pero no debo cansaros con tales frialdades, que solo refiero por daros entera noticia de mi natural y creo que os causará risa; pero, señora, ¿qué podemos saber las mujeres, sino filosofías de cocina? Bien dijo Lupercio Leonardo: Que bien se puede filosofar y aderezar la cena. Y yo suelo decir, viendo estas costillas: Si Aristóteles hubiera guisado, mucho más hubiera escrito. Y prosiguiendo en mi modo de cogitaciones, digo que esto es tan continuo en mí que no necesito de libros: y en una ocasión que por un grave accidente de estómago me prohibieron los médicos el estudio, pasé así algunos días; y luego les propuse que era menos dañoso el concedérmelo, porque eran tan fuertes y vehementes mis cogitaciones, que consumían más espíritus en un cuarto de hora que el estudio de los libros en cuatro días; y así, se redujeron a concederme que leyese; y más, señora mía, que ni aun el sueño se libró de este continuo movimiento de mi imaginativa; antes suele obrar en él más libre y desembarazada, confiriendo con mayor claridad y sosiego las especies que ha conservado del día; arguyendo, haciendo versos, de que os pudiera hacer un catálogo muy grande y de algunas razones y delgadezas, que he alcanzado dormida mejor que despierta; y las dejo por no cansaros, pues basta lo dicho para que vuestra discreción y trascendencia penetre, y se entere perfectamente en todo mi natural y del principio, medios y estado de mis estudios.

Si éstos, señora, fueran méritos (como los veo por tales a celebrar en los hombres), no lo hubieran sido en mí, porque obro necesariamente: si son culpa, por la misma razón creo que no la he tenido; mas con todo vivo, siempre tan desconfiada de mí que ni en esto ni en otra cosa me fío de mi juicio; y así, remito la decisión a ese soberano talento, sometiéndome luego a lo que sentenciaré, sin contradicción ni repugnancia, pues esto no ha sido más de una simple narración de mi inclinación a las letras. Confieso también que con ser esto verdad, tal que (como he dicho) no necesitaba de ejemplares, con todo, no me han dejado de ayudar los muchos que he leído, así en divinas como humanas letras. Porque veo a una Débora, dando leyes, así en lo militar como en lo político, y gobernando el pueblo, donde había tantos varones doctos. Veo una sapientísima reina de Saba, tan docta que se atreve a tentar con enigmas la sabiduría del mayor de los sabios, sin ser por ello reprendida; antes por ello será juez de los incrédulos. Veo tantas y tan insignes mujeres: unas, adornadas del don de la profecía, como una Abigaíl; otras, de persuasión, como Esther; otras, de piedad, como Raab; otras, de perseverancia, como Ana, madre de Samuel, y otras infinitas, en otras especies de prendas y virtudes.

Si resuelvo a los gentiles, lo primero que encuentro es con las Sibilas, elegidas de Dios para profetizar los principales misterios de nuestra Fe; y en tan doctos y elegantes versos, que suspenden la admiración. Veo adorar por Diosa de las Ciencias a una mujer como Minerva, hija del primer Júpiter y maestre de toda la sabiduría de Atenas. Veo una Pola Argentaria, que ayudó a Lucano, su marido, a escribir la gran Batalla Farsálica. Veo a la hija del divino Tiresias, más docta que su padre. Veo a una Cenobia, Reina de los Palmirenos, tan sabia como valerosa. A una Arete, hija de Aristipo, doctísima Nicóstrata, inventora de las letras latinas y eruditísima en las griegas. A una Aspasia Milesia, que enseñó filosofía y retórica, y fue maestra del filósofo Pericles. A una Hipacia, que enseñó astrología y leyó mucho tiempo en Alejandría. A una Leoncia, griega, que escribió contra el filósofo Teofrasto y lo convenció. A una Julia, a una Corina, a una Cornelia: y en fin, a toda la gran turba de las que merecieron nombre, ya de griegas, ya de musas, ya de pitonisas, pues todas no fueron más que mujeres doctas, tenidas y celebradas y también veneradas de la antigüedad por tales. Sin otras infinitas, de que están los libros llenos, pues veo aquella egipciaca Catarina, leyendo y convenciendo todas las sabidurías de los sabios de Egipto. Veo una Gertrudis leer, escribir y enseñar. Y para no buscar ejemplos fuera de casa, veo una Santísima Madre mía, Paula, docta en las lenguas hebrea, griega y latina, y aptísima para interpretar las Escrituras. Y ¿qué más, que siendo su coronista un Máximo Jerónimo, apenas se hallaba el santo digno de serlo, pues con aquella viva ponderación y enérgica eficacia con que sabe explicarse, dice: Si todos los miembros de mi cuerpo fuesen lenguas, no bastarían a publicar la sabiduría y virtud de Paula? Las mismas alabanzas le mereció Blesilla, viuda; y las mismas la esclarecida virgen Eustoquia, hijas ambas de la misma Santa: y la segunda tal, que por su ciencia era llamada prodigio del mundo. Fabiola, romana, fue también doctísima en la Sagrada Escritura. Proba Falconia, mujer romana, escribió un elegante libro, con centones de Virgilio, de los misterios de nuestra Santa Fe. Nuestra Reina Doña Isabel, mujer del décimo Alfonso, es corriente que escribió de astrología.

173

Sin otras que omito, por no trasladar lo que otros han dicho (que es vicio que siempre he abominado), pues en nuestros tiempos está floreciendo la gran Cristina Alejandra, Reina de Suecia, tan docta como valerosa y magnánima, y las Excelentísimas señoras Duquesa de Aveyro, y Condesa de Villa Umbrosa.

El venerable Doctor Arce (digno Profesor de Escritura por su virtud y letras), en su estudioso Bibliorum excita esta cuestión: *An liceat feminis sacrorum Bibliorum studio incumbere eaque interpretari?* Y trae por la parte contraria muchas sentencias de santos, en especial aquello del Apóstol: *Mulieres in Ecclesiis taceant, non enim permittiur eis loqui*, etc. Trae después otras sentencias y del mismo Apóstol aquel lugar *Ad Titum: Anus similiter in habitu sancto bene docentes*, con interpretaciones de los Santos Padres; y al fin resuelve con su prudencia que el leer públicamente en las cátedras, y predicar en los púlpitos, no es lícito a las mujeres; pero que el estudiar, escribir y enseñar privadamente, no solo les es lícito, pero muy provechoso y útil: claro está que esto no se debe entender con todas, sino con aquellas a quienes hubiere Dios dotado de especial virtud y prudencia, y que fueren muy provectas y eruditas y tuvieren el talento y requisitos necesarios para tan sagrado empleo: y esto es tan justo que no solo a las mujeres (que por tan ineptas están tenidas), sino a los hombres (que con solo serlo, piensan que son sabios) se había de prohibir la interpretación de las Sagradas Letras, en no siendo muy doctos y virtuosos y de ingenios dóciles y bien inclinados; porque de lo contrario creo yo que han salido tantos sectarios y que ha sido la raíz de tantas herejías; porque hay muchos que estudian para ignorar, especialmente los que son de ánimos arrogantes, inquietos y soberbios, amigos de novedades en la Ley (que es quien las rehusa); y así, hasta que por decir lo que nadie ha dicho dicen una herejía no están contentos. De éstos dice el Espíritu Santo: *In maleuolam animan non introibit sapientia*. A éstos más daño les hace el saber que les hiciera el ignorar. Dijo un discreto: Que no es necio entero el que no sabe latín; pero el que lo sabe está calificado. Y añado yo que lo perfecciona (si es perfección la necesidad) el haber estudiado su poco de filosofía y teología, y el tener alguna noticia de lenguas, que con eso es necio en muchas ciencias y lenguas: porque un necio grande no cabe en solo la lengua materna.

A éstos, vuelvo a decir, hace daño el estudiar, porque es poner espada en manos del furioso; que siendo instrumento nobilísimo para la defensa, en sus manos es muerte suya y de muchos. Tales fueron las Divinas Letras en poder del malvado Pelagio y del protervo Arrio, del malvado Lutero y de los demás heresiarcas, como lo fue nuestro Doctor (nunca fue nuestro ni Doctor) Gazalla: a los cuales hizo daño la sabiduría, porque aunque es el mejor alimento y vida del alma, a la manera que en el estómago mal acomplexionado y de viciado calor, mientras mejores los alimentos que recibe, más áridos, fermentados y perversos son los humores que cría, así estos malévolos, mientras más estudian, peores opiniones engendran; obstrúyeseles el entendimiento con lo mismo que habían de alimentarse, y es que estudian mucho y digieren poco, sin proporcionarse el vaso limitado de sus entendimientos. A esto dice el Apóstol: *Dico enim per gratiam, quae data es mihi, omnibus, qui sunt inter uos: Non plus sapere, quam oportet sapere, sed sapere ad sobrietaten, et unicuique sicut Deus diusit mensuram fidei.* Y en verdad, no lo dijo el Apóstol a las mujeres sino a los hombres y que no es solo para ellas el *taceant*, sino para todos los que no fueren muy aptos. Querer yo saber tanto, o más, que Aristóteles o San Agustín, si no tengo la aptitud de San Agustín o Aristóteles (aunque estudie más que los dos), no solo no lo conseguiré, sino que debilitaré y entorpeceré la operación de mi flaco entendimiento con la desproporción del objeto.

O si todos (y yo la primera, que soy una ignorante) nos tomásemos la medida del talento antes de estudiar (y lo peor es, de escribir) con ambiciosa codicia de igualar y aun de exceder a otros, qué poco ánimo nos quedara, y de cuántos errores nos excusáramos, y ¡cuántas torcidas inteligencias que andan por ahí no anduvieran! Y pongo las mías en primer lugar, pues si conociera, como debo, esto mismo, no escribiera: y protesto que solo lo hago por obedeceros con tanto recelo, que me debéis más en tomar la pluma con este temor, que me debíerades si os remitiera más perfectas obras. Pero bien que va a vuestra corrección; borradlo, rompedlo y reprendedme, que eso apreciaré yo más que todo cuanto vano aplauso me pueden otros dar: *Corripiet me iustus in misericordia, et increpabit; oleum autem peccatoris nin impinguet caput meum.*

Y volviendo a nuestro Arce, digo que trae en confirmación de su sentir aquellas palabras de mi padre San Jerónimo: *Ad Laetam de institutione filiae.* Donde dice: *Adhuc tenera lingua Psalmis dulcibus imbuatur. Ipsa nomina per quae consuescit paulatim verba contexere non sint fortuita, sed certa e coa-*

cervata de industria, Prophetarum uidelicet, atque Apostolorum et omnis ad Adam Patriarcharum series, Matthaeo Lucaque descendat, ut dum aliud agit, futurae memoriae praeparetur. Reddat tibi pensum quotidie de Scriptorum floribus cartum. Pues si así quería el Santo que se educase una niña que apenas empezaba a hablar, ¿qué querrá en sus monjas y en sus hijas espirituales? Bien se conoce en las referidas Eustoquia y Fabiola y en Marcela, su hermana Pacátula, y otras a quienes el Santo honra en sus epístolas, exhortándolas a este sagrado ejercicio; como se conoce en la citada epístola, donde noté yo aquel *reddat tibi pensum*, que es reclamo y concordante del bene docentes de San Pablo, pues el *redatt tibi* de mi gran padre da a entender que la maestra de la niña ha de ser la misma Leta su madre.

¡Oh, cuántos daños se excusaran en nuestra República si las ancianas fueran doctas como Leta, y que supieran enseñar como manda San Pablo, y mi padre San Jerónimo! Y no, que por defecto de esto y la suma flojedad en que han dado en dejar a las pobres mujeres, si algunos padres desean doctrinar más de lo ordinario a sus hijas, les fuerza la necesidad y falta de ancianas sabias a llevar maestros hombres a enseñar a leer, escribir y contar, a tocar y otras habilidades, de que no pocos daños resultan, como se experimentan cada día en lastimosos ejemplos de desiguales consorcios: porque con la inmediación del trato y la comunicación del tiempo suele hacerse fácil lo que no se pensó ser posible. Por lo cual muchos quieren más dejar bárbaras e incultas a sus hijas, que no exponerlas a tan notorio peligro como la familiaridad con los hombres, lo cual se excusara si hubiera ancianas doctas, como quiere San Pablo, y de unas en otras fuese sucediendo el magisterio, como sucede en el de hacer labores y lo demás que es costumbre. Porque ¿qué inconveniente tiene que una mujer anciana, docta en letras y de santa conversación y costumbres, tuviese a su cargo la educación de las doncellas? Y no, que éstas, o se pierdan por falta de doctrina, o por querérsela aplicar por tan peligrosos medios cuales son los maestros hombres, que cuando no hubiera más riesgo que la indecencia de sentarse al lado de una mujer verecunda (que aún se sonrosea de que la mire a la cara su propio padre) un hombre tan extraño a tratarla con casera familiaridad y a tratarla con magistral llaneza: el pudor del trato con los hombres y de su conversación basta para que no se permitiese. Y no hallo yo que este modo de enseñar de hombres a mujeres pueda ser sin peligro, si no es en el severo tribunal de un confesionario, o en la distante decencia de los púlpitos, o en el remoto conocimiento de los libros; pero no en el manoseo de la inmediación: y todos conocen que esto es verdad; y con todo, se permite, solo por el defecto de no haber ancianas sabias; ¿luego es grande daño el no haberlas? Esto debían considerar los que atados al *Mulieres in Ecclesia taceant* blasfeman de que las mujeres sepan y enseñen; como que no fuera el mismo Apóstol el que digo bene docentes. Además de aquella prohibición cayó sobre lo historial que refiere Eusebio; y es que en la Iglesia primitiva se ponían las mujeres a enseñar las doctrinas unas a otras en los templos; y este rumor confundía cuando predicaban los apóstoles; y por eso se les mandó callar, como ahora sucede, que mientras predica el predicador no se reza en alta voz.

No hay duda de que para inteligencia de muchos lugares es menester mucha historia, costumbres, ceremonias, proverbios y aun maneras de hablar de aquellos tiempos en que se escribieron, para saber sobre qué caen y a qué aluden algunas locuciones de las Divinas Letras: *Scindite corda uestra, et non vestimenta uestra*, ¿no es alusión a la ceremonia que tenían los hebreos de rasgar los vestidos, en señal de dolor, como lo hizo el mal pontífice cuando dijo que Cristo había blasfemado? Muchos lugares del Apóstol sobre el socorro de las viudas, ¿no miraban también a las costumbres de aquellos tiempos? Aquel lugar de la mujer fuerte: *Nobilis in portis uir eius*, ¿no alude a la costumbre de estar los tribunales de los jueces en las puertas de las ciudades? El *dare terram Deo* ¿no significa hacer algún voto? Hiemantes ¿no se llamaban los pecadores públicos, porque hacían penitencia a cielo abierto, a diferencia de los otros que la hacían en un portal? Aquella queja de Cristo al fariseo, de la falta del ósculo y lavatorio de pies, ¿no se fundó en la costumbre que de hacer estas cosas tenían los judíos? ¿Y otros infinitos lugares, no solo de las Letras Divinas, sino también de las humanas, que se topan a cada paso, como el *adorate purpuram*, que significa obedecer el Rey; el *manumittere eum*, que significa dar libertad, aludiendo a la costumbre y ceremonia de dar una bofetada al esclavo, para darle libertad? ¿Aquel *intonuit caelum* de Virgilio, que alude al agüero de tronar hacia occidente, que se tenía por bueno? ¿Aquel *Tu nunquam leporem edisti* de Marcial, que no solo tiene el donaire de equívoca en el leporem, sino la alusión a la propiedad que decían tener la liebre? ¿Aquel proverbio, *Malean legens, quae suntdomi obliuiscere*, que alude al gran peligro del Promontorio de Laconia? ¿Aquella respuesta de la casta matrona el pretensor molesto, de por mí no se untarán los quicios, ni arderán las teas, para decir que no quería casarse, aludiendo a la ceremonia de untar las puertas con manteca y encender las teas nupciales en los matrimonios, como si ahora dijéramos: Por mí no se gastarán arras, ni echará bendiciones el cura? Y así, hay tanto comento de Virgilio y de Homero, y de todos los poetas y oradores. Pues fuera de esto, ¿qué dificultades no se hallan en los Lugares Sagrados, aun en lo gramatical de ponerse el plural por singular, de pasar de segunda a tercera persona, como aquello de los «Cantares»: *Osculetur me osculo oris sui: quia meliora sunt ubera tua uino?* Aquel poner los adjetivos en genitivo, en vez de acusativo, como *calicem salutaris occipiam?* ¿Aquel poner el femenino por masculino, y al contrario, llamar adulterio a cualquier pecado?

Todo esto pide más lección de lo que piensan algunos, que de meros gramáticos; o cuando mucho, con cuatro términos de Súmulas quieren interpretar las Escrituras y se aferran del *Mulieres in Ecclesia taceant*, sin saber cómo se ha de entender. Y de otro lugar, *Mulier in silentio disccat.* Siendo este lugar más en favor que en contra de las mujeres, pues mandan que aprendan; y mientras aprenden, claro está que es necesario que callen. Y también está escrito: *Audi, Israel, et tace*, donde se habla con toda la colección de los hombres y mujeres y a todos se manda callar; porque quien oye y aprende, es mucha razón que atienda y calle. Y si no, yo quisiera que estos intérpretes y expositores de San Pablo me explicaran cómo entienden aquel lugar, *Mulieres in Ecclesia taceant.* Porque, o lo han de entender de lo material de los púlpitos y cátedras, o de lo formal de la universidad de los fieles, que es la Iglesia: si lo entienden de lo primero, que es (en mi sentir) su verdadero sentido, pues vemos que, con efecto, no se permite en la Iglesia que las mujeres lean públicamente ni prediquen, ¿por qué reprenden a las que privadamente estudian? Y si no lo entienden de lo segundo, y quieren que la prohibición del Apóstol sea trascendentalmente, que ni en lo secreto se permita escribir ni estudiar a las mujeres, ¿cómo vemos que la Iglesia ha permitido que escriban una Gertrudis, una Teresa, una Brígida, la monja de Ágreda y otras muchas? Y si me dicen que éstas eran Santas, es verdad; pero no obsta a mi argumento: lo primero, porque la proposición de San Pablo es absoluta y comprende a todas las mujeres, sin excepción de Santas, pues también en su tiempo lo eran Marta y María, Marcela, María madre de Jacob, y Salomé, y otras muchas que había en el fervor de la primitiva Iglesia, y no las exceptúa; y ahora vemos que la Iglesia permite escribir a las mujeres santas y no santas, pues la de Ágreda y María de la Antigua no están canonizadas y corren sus escritos; y ni cuando Santa Teresa y las demás escribieron lo estaban. Luego la prohibición de San Pablo solo miró a la publicidad de los púlpitos, pues si el Apóstol prohibiera el escribir, no lo permitiera la Iglesia. Pues ahora, yo no me atrevo a enseñar, que fuera en mí muy desmedida presunción; y el escribir, mayor talento que el mío requiere y muy grande consideración; así lo dice San Cipriano: *Graui consideratione indigent quae scribimus.* Lo que solo he deseado es estudiar para ignorar menos: que (según San Agustín) unas cosas se aprenden para hacer y otras para solo saber: *Discimus quaedam ut sciamus, quaedam ut faciamus.* Pues ¿en qué ha estado el delito, sin aún lo que es lícito a las mujeres, que es enseñar escribiendo, no hago yo, porque conozco que no tengo caudal para ello, siguiendo el consejo de Quintiliano: *Noscat quisque, et non tantum ex alienis praeceptis sed ex natura sua copiat consilium?* Si el crimen está en la Carta Atenagórica, ¿fue aquélla más que referir sencillamente mi sentir, con todas las venias que debo a nuestra Santa Madre Iglesia? Pues si ella, con su santísima autoridad, no me lo prohíbe, ¿por qué me lo han de prohibir otros? Llevar una opinión contraria de Vieyra fue en mí atrevimiento, ¿y no lo fue en su paternidad llevarle contra los tres Santos Padres de la Iglesia? ¿Mi entendimiento, tal cual, no es tan libre como el suyo, pues viene de un solar? ¿Es alguno de los principios de la Santa Fe revelados su opinión, para que la hayamos de creer a ojos cerrados? Demás, que yo ni falté al decoro que a tanto Varón se debe, como acá ha faltado su defensor, olvidado de la sentencia de Tito Lucio: *Artes committatus decor;* ni toqué a la Sagrada Compañía en el pelo de la ropa; ni escribí más que para el juicio de quien me lo insinuó: y según Plinio, *Non similis est conditio publicantis, et nomination dicentis.* Que si creyera había de publicar, no fuera con tanto desaliño como fue. Si es (como dice el Censor) herética, ¿por qué no la delata? Con eso él quedará vengado y yo contenta, que aprecio (como debo) más el nombre de católica y de obediente hija de mi Santa Madre Iglesia que todos los aplausos de docta. Si está bárbara (que en eso dice bien), ríase, aunque sea con la risa que dicen del conejo; que yo no le digo que me aplauda, pues como yo fui libre para disentir de Vieyra, lo será cualesquiera para disentir de mi dictamen.

Pero ¿dónde voy, señora mía? Que esto no es de aquí, ni es para vuestros oídos, sino que como voy tratando de mis impugnadores, me acordé de las cláusulas de uno que ha salido ahora, e insensiblemente se deslizó la pluma a quererle responder en particular, siendo mi intento hablar en general. Y así, volviendo a nuestro Arce, dice que conoció en esta ciudad dos monjas: la una en el convento de Regina, que tenía el breviario de tal manera en la memoria, que aplicaba, con grandísima prontitud y propiedad, sus versos, salmos y sentencias de Homilías de los Santos en las conversaciones. La otra, en el convento de la Concepción, tan acostumbrada a leer las Epístolas de mi Padre, San Jerónimo y locuciones del Santo, de tal manera, que dice Arce: *Hyeronymum ipsum hispane loquentem audire me existimarem*. Y de ésta dice que supo, después de su muerte, había traducido dichas Epístolas en romance; y se duele de que tales talentos no se hubieran empleado en mayores estudios, con principios científicos, sin decir los nombres de la una ni de la otra, aunque las trae para confirmación de su sentencia: que es que no solo es lícito, pero utilísimo y necesario a las mujeres el estudio de las Sagradas Letras, y mucho más a las monjas, que es lo mismo a que vuestra discreción me exhorta y a que concurren tantas razones.

Pues si vuelo los ojos a la tan perseguida habilidad de hacer versos, que en mí es tan natural que aún me violento para que esta carta no lo sean, y pudiera decir aquello de *Quidquid canabar dicere uersus erat*. Viéndola condenar a tantos tanto y acriminar he buscado muy de propósito cuál sea el daño que puedan tener, y no lo he hallado; antes, sí, los veo aplaudidos en las bocas de las Sibilas, santificados en las plumas de los Profetas, especialmente del Rey David, de quien dice el gran Expositor y amado padre mío (dando razón de la mensura de sus metros): *In more hoc, et Pindarus, nunc iambo currit, nunc cantico personat, nunc saphicorum... et nunc semipede ingreditur*. Lo más de los Libros Sagrados están en metro, como el Cántico de Moisés; y los de Job dice San Isidoro en sus Etimologías que están en verso heroico. En los Epitalamios los escribió Salomón, en los Trenos Jeremías. Y así, dice Casidoro: *Omnis poetica locutio a Diuinis Scripturis sumpsit exordium*. Pues nuestra Iglesia Católica, no solo no los desdeña, mas los usa en sus Himnos y recita los de San Ambrosio, Santo Tomás, San Isidoro y otros. San Buenaventura les tuvo tal afecto que apenas hay plana suya sin versos. San Pablo bien se ve que los había estudiado, pues los cita y traduce el de Arato: *In ipso enim uiuimus, et mouemus, et sumus.* Y alega el otro de Parménides: Cretenses semper mendaces, malae bestiae, pigri. San Gregorio Narcianceno disputa en elegantes versos las cuestiones de matrimonio, y las de la virginidad. Y ¿qué me canso? La Reina de la Sabiduría, y Señora nuestra, con sus sagrados labios entonó el Cántico del Magnificat; y habiéndola traído por ejemplar, agravio fuera traer ejemplos profanos, aunque sean de varones gravísimos y doctísimos, pues esto sobra para prueba; y el ver que aunque como la elegancia hebrea no se pudo estrechar a la mensura latina, a cuya causa el traductor sagrado, más atento a lo importante del sentido, omitió el verso, con todo, retienen los Salmos el nombre y divisiones de versos: pues ¿cuál es el daño que pueden tener ellos en sí? Porque el mal uso no es culpa del arte, sino del mal profesor que los vicia, haciendo de ellos lazos del demonio; y esto en todas las facultades y ciencias sucede: pues si está el mal en que los use una mujer, ya se ve cuántas los han usado loablemente; pues, ¿en qué está el serlo yo? Confieso desde luego mi ruindad y vileza; pero no juzgo que se habrá visto una copla más indecente. Demás, que yo nunca he escrito cosa alguna por mi voluntad, sino por ruegos y preceptos ajenos; de tal manera, que no me acuerdo -haber escrito por mi gusto, sino es un papelillo que llaman el Sueño. Esa carta, que vos, señora mía, honrasteis tanto, la escribí con más repugnancia que otra cosa; y así porque era de cosas sagradas, a quienes (como he dicho), tengo reverente temor, como porque parecía querer impugnar, cosa a que tengo aversión natural; y creo que si pudiera haber prevenido el dichoso destino a que nacía, pues como a otro Moisés la arrojé expósita a las aguas del Nilo del silencio donde la halló y acarició una Princesa como vos: creo (vuelvo decir) que si yo tal pensara, la ahogara antes entre las mismas manos en que nacía, de miedo de que pareciesen a la luz de nuestro saber los torpes borrones de mi ignorancia: de donde se conoce la grandeza de vuestra bondad, pues está aplaudiendo vuestra voluntad lo que precisamente ha de estar repugnando vuestro clarísimo entendimiento. Pues ya que su ventura la arrojó a vuestras puertas, tan expósita y huérfana que hasta el nombre le pusisteis vos, pésame que entre mis deformidades llevase también los defectos de la prisa; porque así por la poca salud que continuamente tengo, como por la sobra de ocupaciones en que me pone la obediencia, y carecer de quien me ayude a escribir y estar necesitada a que todo sea de mi mano; y porque como iba contra mi genio y no quería más que cumplir con la palabra, a quien no podía desobedecer, no veía la hora de acabar; y así, dejé de poner discursos enteros y muchas pruebas que se me ofrecían, y las dejé por no escribir más; que a saber que se había de imprimir, no las hubiera dejado, siquiera por dejar satisfechas algunas objeciones que se han excitado y pudiera remitir; pero no seré tan desatenta que ponga tan indecentes objetos a la pureza de vuestros ojos, pues basta que los ofenda con mis ignorancias, sin que les remita ajenos atrevimientos; si ellos por sí volaren por allá (que son tan livianos, que si harán), me ordenaréis lo que debo hacer, que si no es interviniendo nuestros preceptos, lo que es por mi defensa, nunca tomaré la pluma, pues me parece que no necesita de que otro le responda quien en lo mismo que se oculta conoce su error, pues (como dice mi padre San Jerónimo) *Bonus sermo secreta non quarit*, y San Ambrosio: Latere criminosae est conscientiae.

Ni yo me tengo por impugnada, pues dice una regla del Derecho: *Accusatio non tenetur, si non curat de persona quae produxerit illam*. Lo que sí es de ponderar es el trabajo que le ha costado el andar haciendo trazados: ¡para demencia!, cansarse más en quitarse el crédito que pudiera en granjearlo.

Yo (señora mía) no he querido responder, aunque otros lo han hecho (sin saberlo yo); basta que he visto algunos papeles: y entre ellos uno que por docto os remito y porque el leerle os desquite parte del tiempo que os he malgastado en lo que yo escribo. Si vos (señora) gustáredes de que yo haga lo contrario de lo que tenía propuesto, a vuestro juicio y sentir, el menor movimiento de vuestro gusto cederá (como es razón) mi dictamen, que (como os he dicho) era de callar; porque aunque dice San Juan Crisóstomo: *Columniatores conuincere oportet, interrogatores docere*, veo que también dice San Gregorio: *Victoria non minor est hostes tolerare quam hostes uincere*. Y que la paciencia vence tolerando y triunfa sufriendo. Y si entre los gentiles romanos era costumbre en la más alta cumbre de la gloria de sus capitanes, cuando entraban triunfando de las naciones, vestidos de púrpura y coronados de laurel, tirando el carro, en vez de brutos, coronadas frentes de vencidos reyes, acompañados de los despojos de las riquezas de todo el mundo y adornada la milicia vencedora de las insignias de sus hazañas, oyendo los aplausos populares en tan honrosos títulos y renombres como llamarlos padres de la patria, columnas del imperio, muros de Roma, amparos de la República y otros nombres gloriosos; que en este supremo auge de la gloria y felicidad humana fuese un soldado en voz alta diciendo al vencedor (como consentimiento suyo y orden del Senado): Mira que eres mortal; mira que tienes tal y tal defecto; sin perdonar los más vergonzosos, como sucedió en el triunfo de César, que voceaban los más viles soldados a sus oídos: *Cauete Romani, adducimus uobis adulterum caluum.* Lo cual se hacía porque en medio de tanta honra no se desvaneciese el vencedor, y porque el lastre de estas afrentas hiciese contrapeso a las velas de tantos aplausos, para que no peligrase la nave del juicio entre los vientos de las aclamaciones. Si esto, digo, hacían unos gentiles con sola la luz de la ley natural, nosotros, católicos, con un precepto de amar a los enemigos, ¿qué mucho haremos en tolerarlos?

Yo de mí puedo asegurar que las calumnias algunas veces me han mortificado; pero nunca me han hecho daño, porque yo tengo por muy necio al que, teniendo ocasión de merecer, pasa el trabajo y pierde el mérito; que es como los que no quieren conformarse al morir y al fin mueren, sin servir su resistencia de excusar la muerte, sino de quitarles el mérito de la conformidad y de hacer mala muerte la muerte que podía ser bien. Y así (señora mía), estas cosas creo que aprovechan más que dañan; y tengo por mayor el riesgo de los aplausos en la flaqueza humana, que suele apropiarse lo que no es suyo; y es menester estar con mucho cuidado y tener escritas en el corazón aquellas palabras del Apóstol: *Quid autem habes quod non accepisti? Si autem accepisti, quid gloriaris quasi non acceperis?* Para que sirvan de escudo que resista las puntas de las alabanzas, que son lanzas: que en no atribuyéndose a Dios, cuyas son, nos quitan la vida y nos hace ser ladrones de la honra de Dios y usurpadores de los talentos que nos entregó y de los dones que nos prestó y de que hemos de dar estrechísima cuenta. Y así (señora), yo temo más esto que aquello: porque aquello con solo un acto sencillo de paciencia está convertido con provecho, y esto son menester muchos actos reflexivos de humildad y propio conocimiento para que no sean daño. Y así, de mí lo conozco y reconozco que es especial favor de Dios el conocerlo, para saberme portar en uno y en otro con aquella sentencia de San Agustín: *Amico landanti creden-*

dum non est, sicut nec inimico detrahenti. Aunque yo soy tal, que las más veces lo debo de echar a perder, o mezclarlo con tales defectos e imperfecciones, que vicio lo que de suyo fuera bueno; y así, en lo poco que se ha impreso mío, no solo mi nombre, pero ni el consentimiento para la impresión ha sido dictamen propio, sino libertad ajena, que no cae debajo de mi dominio; como lo fue la impresión de la *Carta Atenagórica*; de suerte que solamente unos *Ejercicios de la Encarnación* y unos *Ofrecimientos de los Dolores* se imprimieron con gusto mío, por la pública devoción, pero sin mi nombre, de los cuales remito algunas copias, porque (si os parece) los repartáis entre nuestras hermanas las religiosas de esa santa Comunidad y demás de esa ciudad. De los Dolores va solo uno, porque se han consumido ya y no pude hallar más: hícelos solo por la devoción de mis hermanas, años ha, y después se divulgaron cuyos asuntos son tan improporcionados a mi tibieza como a mi ignorancia; y solo me ayudó en ellos ser cosas de nuestra gran Reina; que no sé qué tiene el que, en tratando de María Santísima, se encienda el corazón más elevado. Yo quisiera (venerable señora mía) remitiros obras dignas de vuestra virtud y sabiduría, pero como dijo el poeta:

Ut desint uires, tamen est laudanda uoluntas:
Hac ego contentus, auguror esse Deos.

Si algunas otras cosillas escribiere, siempre irán a buscar el sagrado de vuestras plantas y el seguro de vuestra corrección, pues no tengo otra alhaja con que pagaros: y en sentir de Séneca, el que empezó a hacer beneficio se obligó a continuarlos; y así os pagará a vos vuestra propia liberalidad, que solo así puedo yo quedar dignamente desempeñada, sin que caiga en mí aquello del mismo Séneca: *Turpis est beneficiis uinci.* Que es bizarría del acreedor generoso dar al deudor pobre con qué pueda satisfacer la deuda. Así lo hizo Dios con el mundo, imposibilitado de pagar: diole a su Hijo propio, para que se lo ofreciese por digna satisfacción. Si el estilo (venerable señora mía) de esta carta no hubiese sido como es debido, os pido perdón de la casera familiaridad, o menos autoridad, de que tratándoos como a una religiosa de velo, hermana mía, se me ha olvidado la distancia de vuestra ilustrísima persona, que a veros yo sin velo no sucediera así; pero vos, con vuestra cordura y benignidad, supliréis o enmendaréis los términos; y si os pareciese incongruo el vos, de que yo he usado, por parecerme que para la reverencia que os debo es muy poca reverencia la reverencia, mudadlo en el que os pareciere decente a lo que os merecéis, que yo no me he atrevido a exceder de los límites de vuestro estilo, ni a romper el margen de vuestra modestia. Y mantenedme en vuestra gracia, para impetrarme la divina de que os conceda el Señor muchos aumentos y os guarde, como le suplico y he menester. De este convento de vuestro padre San Jerónimo de México, a primero día del mes de marzo de mil seiscientos y noventa y un años.

B. V. M. vuestra más favorecida.

Juana Inés de la Cruz.

Libros a la carta

A la carta es un servicio especializado para

empresas,

librerías,

bibliotecas,

editoriales

y centros de enseñanza;

y permite confeccionar libros que, por su formato y concepción, sirven a los propósitos más específicos de estas instituciones.

Las empresas nos encargan ediciones personalizadas para marketing editorial o para regalos institucionales. Y los interesados solicitan, a título personal, ediciones antiguas, o no disponibles en el mercado; y las acompañan con notas y comentarios críticos.

Las ediciones tienen como apoyo un libro de estilo con todo tipo de referencias sobre los criterios de tratamiento tipográfico aplicados a nuestros libros que puede ser consultado en Linkgua-ediciones.com.

Linkgua edita por encargo diferentes versiones de una misma obra con distintos tratamientos ortotipográficos (actualizaciones de carácter divulgativo de un clásico, o versiones estrictamente fieles a la edición original de referencia).

Este servicio de ediciones a la carta le permitirá, si usted se dedica a la enseñanza, tener una forma de hacer pública su interpretación de un texto y, sobre una versión digitalizada «base», usted podrá introducir interpretaciones del texto fuente. Es un tópico que los profesores denuncien en clase los desmanes de una edición, o vayan comentando errores de interpretación de un texto y esta es una solución útil a esa necesidad del mundo académico.

Asimismo publicamos de manera sistemática, en un mismo catálogo, tesis doctorales y actas de congresos académicos, que son distribuidas a través de nuestra Web.

El servicio de «libros a la carta» funciona de dos formas.

1. Tenemos un fondo de libros digitalizados que usted puede personalizar en tiradas de al menos cinco ejemplares. Estas personalizaciones pueden ser de todo tipo: añadir notas de clase para uso de un grupo de estudiantes, introducir logos corporativos para uso con fines de marketing empresarial, etc. etc.

2. Buscamos libros descatalogados de otras editoriales y los reeditamos en tiradas cortas a petición de un cliente.